PREFACE

This collection of French readings has been compiled in the belief that today's students will derive both linguistic benefit and intellectual enjoyment from early exposure to representative examples of simple but adult French prose. The items included all appear in their original text, and have not been simplified, edited, or censored in any way.

The selections are complete with the exception of the scene taken from Ionesco's *La Cantatrice chauve*. Because of the enigmatic nature of this play, textual completeness is hardly essential. The pedagogic value of the selection lies rather in its excellent illustrations of the partitive construction, in its basic vocabulary, in its repetitive use of current speech patterns, and in its verbal simplicity — the present tense is predominant throughout. Similar reasoning explains the presence of Beckett's *Acte sans paroles I*. Needless to say, both writers are influential forces in the modern theater, and familiarity with their work contributes to the students' general information. As to interpretation, the students' own conclusions may prove to be as incisive and enlightening as those of the professional critics.

While in a general sense the items are arranged in order of difficulty, the instructor is entirely free to adopt his own sequence of presentation. The completeness of the page vocabularies together with the selective end vocabulary facilitate reading of the selections without regard to their position in the text. Frequent oral comprehension checks may prove helpful, however, in assuring the students' complete understanding of the various selections.

The brevity, simplicity of language, and high frequency of cognate words in the biographical sections will aid in orienting the reader to the author, his words, and era. These introductions serve merely as general guidelines. As with the selections, vocabulary notes are provided on facing pages.

The *questionnaires* which follow each prose item are geared not only toward promotion of recall of content, but seek, whenever possible, to involve the student directly, and to encourage him to adapt the new vocabulary to the realities of his own life — the logical aim of language teaching.

TABLE DES MATIERES

PREFACE		iii
ACTE SANS PAROLES	Samuel Beckett	3
DIALOGUE DU JOUR	Jules Renard	15
LA CANTATRICE CHAUVE	Eugène Ionesco	27
LES EPAULES DE LA MARQUISE	Emile Zola	43
LE CHOMAGE		55
HISTOIRE D'UN FOU		69
PETITS POEMES EN PROSE	Charles Baudelaire	79
Le Port		81
Le Miroir		83
Enivrez-vous		85
Les Fenêtres		87
Le Désir de peindre		89
POEMES		91
Vers sur un album	Alphonse de Lamartine	93
Le Papillon		93
Chanson de Barberine	Alfred de Musset	95
Dans les bois	Gérard de Nerval	97
Sagesse	Paul Verlaine	99
L'Invitation au voyage	Charles Baudelaire	101
L'Habitude	Sully Prudhomme	105
NOIRAUD	Ludovic Halévy	109
UN FOU?	Guy de Maupassant	129
PAREZ! DEGAGEZ!	Paul Margueritte	145
LES DEUX CONSOLES	Voltaire	159
LEXIQUE		165

BECKETT

Irlandais *n.m.* Irishman
naissance *n.f.* birth
faire ses études   to receive an education
se spécialiser en   to specialize in
langues romanes *n.f.*   Romance languages
Depuis . . .   Since . . .
habiter   to live in
Romancier . . . *n.m.*   Novelist . . .
dramaturge *n.m.*   dramatist
auteurs *n.m.*   authors
énigmatique   puzzling
de notre époque   of our time
parmi   among
romans *n.m.*   novels
convenir de   to be fitting to
L'Innommable   "The Unnameable"
pièce de théâtre *n.f.*   play
Fin de partie   "End Game"
En attendant Godot   "Waiting for Godot"
remporter un succès   to achieve a success
conscient   conscious
isolement *n.m.*   isolation
faire ressortir   to bring out, emphasize
suggérer   to suggest
d'une manière tacite   by implication
la tendance pessimiste   the pessimistic tendency
oeuvre *n.f.*   work

deux

Samuel Beckett
1906-

Irlandais de naissance, Samuel Beckett a fait ses études à Trinity College, à Dublin, où il s'est spécialisé en langues romanes. Depuis 1938 il habite la France, et il écrit en français.

Romancier et dramaturge, Beckett est un des auteurs les plus énigmatiques de notre époque. Parmi ses romans il convient de citer *Murphy* (1938); *Molloy* (1951); *Malone meurt* (1951); et *L'Innommable* (1953). Ses pièces de théâtre, *Fin de partie* et *En attendant Godot*, ont remporté un immense succès en France et aux Etats-Unis.

Très conscient de l'absurdité de la vie et de l'isolement spirituel de l'homme moderne, Samuel Beckett fait ressortir ces idées fondamentales dans ses romans et dans ses pièces. La conclusion d'*Acte sans paroles I* suggère, d'une manière tacite, la tendance pessimiste de son oeuvre en général.

Acte sans paroles   "One-act Play Without Words"
personnage *n.m.*   character
Geste... *n.m.*   Gesture...
plier   to fold
déplier   to unfold
mouchoir *n.m.*   handkerchief
Eclairage éblouissant.   Dazzling stage-lighting.
Projeté à reculons...   Catapulted backwards...
coulisse droite   wings at the right of the stage
trébucher   to stumble
se relever   to get up again
aussitôt   immediately
s'épousseter   to dust oneself off
réfléchir   to meditate
Coup de sifflet...   Sound of a whistle...
en scène   onto the stage
vers   toward
s'arrêter   to stop
atteindre   to reach
se jeter en arrière   to throw oneself backward
cintres *n.m.*   flies, scaffolding above the stage
atterrir   to land
sol *n.m.*   ground
cime *n.f.*   top
maigre   thin
touffe *n.f.*   tuft
palmes *n.f.*   palm leaves
ombre *n.f.*   shadow, shade
légère   slight
toujours   *ici:* still
en haut   above
se retourner   to turn around
s'asseoir   to sit down
à l'ombre   in the shade
ciseaux de tailleur *n.m.*   tailor's shears
s'immobiliser   to become motionless

ACTE SANS PAROLES

Personnage :
   Un homme. Geste familier : il plie et déplie son mouchoir.
Scene :
   Désert. Eclairage éblouissant.
Action :
   Projeté à reculons de la coulisse droite, l'homme trébuche, tombe, se relève aussitôt, s'époussette, réfléchit.
   Coup de sifflet coulisse droite.
   Il réfléchit, sort à droite.
   Rejeté aussitôt en scène, il trébuche, tombe, se relève aussitôt, s'époussette, réfléchit.
   Coup de sifflet coulisse gauche.
   Il réfléchit, sort à gauche.
   Rejeté aussitôt en scène, il trébuche, tombe, se relève aussitôt, s'époussette, réfléchit.
   Coup de sifflet coulisse gauche.
   Il réfléchit, va vers la coulisse gauche, s'arrête avant de l'atteindre, se jette en arrière, trébuche, tombe, se relève aussitôt, s'époussette, réfléchit.
   Un petit arbre descend des cintres, atterrit. Une seule branche à trois mètres du sol et à la cime une maigre touffe de palmes qui projette une ombre légère.
   Il réfléchit toujours.
   Coup de sifflet en haut.
   Il se retourne, voit l'arbre, réfléchit, va vers l'arbre, s'assied à l'ombre, regarde ses mains.
   Des ciseaux de tailleur descendent des cintres, s'immobilisent devant l'arbre à un mètre du sol.
   Il regarde toujours ses mains.

cinq

se tailler les ongles   to trim one's nails
se rabattre contre   to flatten oneself against
tronc   *n.m.*   trunk
disparaître   to disappear
lâcher   to let go, drop
carafe   *n.f.*   pitcher
munie de   provided with
étiquette   *n.f.*   label
portant   bearing
eau   *n.f.*   water
essayer de   to try to
se détourner   to turn away
en éprouve la stabilité   tests its stability
monte dessus   mounts it
rapporter   to carry back
se raviser   to change one's mind
déposer   to set down
aller chercher   to go and get
glisser   to slip
celle-ci   *ici:* the latter
remonter   to go up again
légèrement   slightly
hors d'atteinte   beyond reach
se détourner   to turn aside

Coup de sifflet en haut.
Il lève la tête, voit les ciseaux, réfléchit, les prend et commence à se tailler les ongles.
Les palmes se rabattent contre le tronc, l'ombre disparaît.
Il lâche les ciseaux, réfléchit.
Une petite carafe, munie d'une grande étiquette rigide portant l'inscription EAU, descend des cintres, s'immobilise à trois mètres du sol.
Il réfléchit toujours.
Coup de sifflet en haut.
Il lève les yeux, voit la carafe, réfléchit, se lève, va sous la carafe, essaie en vain de l'atteindre, se détourne, réfléchit.
Un grand cube descend des cintres, atterrit.
Il réfléchit toujours.
Coup de sifflet en haut.
Il se retourne, voit le cube, le regarde, regarde la carafe, prend le cube, le place sous la carafe, en éprouve la stabilité, monte dessus, essaie en vain d'atteindre la carafe, descend, rapporte le cube à sa place, se détourne, réfléchit.
Un second cube plus petit descend des cintres, atterrit.
Il réfléchit toujours.
Coup de sifflet en haut.
Il se retourne, voit le second cube, le regarde, le place sous la carafe, en éprouve la stabilité, monte dessus, essaie en vain d'atteindre la carafe, descend, veut rapporter le cube à sa place, se ravise, le dépose, va chercher le grand cube, le place sur le petit, en éprouve la stabilité, monte dessus, le grand cube glisse, il tombe, se relève aussitôt, s'époussette, réfléchit.
Il prend le petit cube, le place sur le grand, en éprouve la stabilité, monte dessus et va atteindre la carafe lorsque celle-ci remonte légèrement et s'immobilise hors d'atteinte.
Il descend, réfléchit, rapporte les cubes à leur place, l'un après l'autre, se détourne, réfléchit.
Un troisième cube encore plus petit descend des cintres, atterrit.
Il réfléchit toujours.
Coup de sifflllet en haut.
Il se retourne, voit le troisième cube, le regarde, réfléchit, se détourne, réfléchit.

sept

A côté de . . .   Beside . . .
corde à noeuds   knotted rope
se détendre   to become slack
ramener   to bring back
cherche des yeux   seeks with his eyes
ramasser   to pick up
retourner   to go back
entreprendre de   to undertake to
couper   to cut
se tendre   to become taut
soulever   to raise up
s'accrocher   to cling, hold on
achever   to finish
retomber   to fall down again
vivement   quickly
bout *n.m.*   end
dont il se sert   which he uses
attraper   to catch
de nouveau   *une fois de plus, encore*
porter   to carry
veut placer   starts to place
se baisser   to bend down
reprendre   to pick up again
le long de   alongside of
se redresser   to straighten up again
constater   to observe
enrouler   to coil
poser   to place
Rejeté . . .   Pushed out again . . .
bouger   to move

huit

Le troisième cube remonte et disparaît dans les cintres.

A côté de la carafe, une corde à nœuds descend des cintres, s'immobilise à un mètre du sol.

Il réfléchit toujours.

Coup de sifflet en haut.

Il se retourne, voit la corde, réfléchit, monte à la corde et va atteindre la carafe lorsque la corde se détend et le ramène au sol.

Il se détourne, réfléchit, cherche des yeux les ciseaux, les voit, va les ramasser, retourne vers la corde et entreprend de la couper.

La corde se tend, le soulève, il s'accroche, achève de couper la corde, retombe, lâche les ciseaux, tombe, se relève aussitôt, s'époussette, réfléchit.

La corde remonte vivement et disparaît dans les cintres.

Avec son bout de corde il fait un lasso dont il se sert pour essayer d'attraper la carafe.

La carafe remonte vivement et disparaît dans les cintres.

Il se détourne, réfléchit.

Lasso en main il va vers l'arbre, regarde la branche, se retourne, regarde les cubes, regarde de nouveau la branche, lâche le lasso, va vers les cubes, prend le petit et le porte sous la branche, retourne prendre le grand et le porte sous la branche, veut placer le grand sur le petit, se ravise, place le petit sur le grand, en éprouve la stabilité, regarde la branche, se détourne et se baisse pour reprendre le lasso.

La branche se rabat le long du tronc.

Il se redresse, le lasso à main, se retourne, constate.

Il se détourne, réfléchit.

Il rapporte les cubes à leur place, l'un après l'autre, enroule soigneusement le lasso et le pose sur le petit cube.

Il se détourne, réfléchit.

Coup de sifflet coulisse droite.

Il réfléchit, sort à droite.

Rejeté aussitôt en scène, il trébuche, tombe, se relève aussitôt, s'époussette, réfléchit.

Coup de sifflet coulisse gauche.

Il ne bouge pas.

Il regarde ses mains, cherche des yeux les ciseaux, les voit, va les ramasser, commence à se tailler les ongles, s'arrête, réfléchit,

neuf

passe le doigt sur la lame   passes his finger over the blade
essuyer   to dry
col *n.m.*   collar
dégager   to free
cou *n.m.*   neck
palper   to finger
emporter   to carry away
s'ébranler   to shake
le jetant par terre   throwing him to the ground
rester   to remain
allongé   stretched out
flanc *n.m.*   side
face à la salle   facing the audience
le regard fixe   staring
encore   again
se balance . . . visage   swings about his face
se rouvrir   *ouvrir de nouveau*
revenir   to come back

passe le doigt sur la lame des ciseaux, l'essuie avec son mouchoir, va poser ciseaux et mouchoir sur le petit cube, se détourne, ouvre son col, dégage son cou et le palpe.

Le petit cube remonte et disparaît dans les cintres emportant lasso, ciseaux et mouchoir.

Il se retourne pour reprendre les ciseaux, constate, s'assied sur le grand cube.

Le grand cube s'ébranle, le jetant par terre, remonte et disparaît dans les cintres.

Il reste allongé sur le flanc, face à la salle, le regard fixe.

La carafe descend, s'immobilise à un demi-mètre de son corps.

Il ne bouge pas.

Coup de sifflet en haut.

Il ne bouge pas.

La carafe descend encore, se balance autour de son visage.

Il ne bouge pas.

La carafe remonte et disparaît dans les cintres.

La branche de l'arbre se relève, les palmes se rouvrent, l'ombre revient.

Coup de sifflet en haut.

Il ne bouge pas.

L'arbre remonte et disparaît dans les cintres.

Il regarde ses mains.

RIDEAU

QUESTIONNAIRE

1. Quel geste le personnage fait-il au commencement de la pièce?
2. D'où vient-il?
3. Avez-vous un mouchoir sur vous? Est-il plié ou déplié?
4. Que fait le personnage chaque fois qu'il se relève?
5. Décrivez le premier objet qui descend des cintres.
6. D'où vient le bruit qu'on entend?

7. Pourquoi le personnage prend-il les ciseaux?
8. Que contient la carafe? Comment le savons-nous?
9. Pourquoi le personnage ne peut-il pas atteindre la carafe?
10. Que fait-il quand le cube descend des cintres?
11. Comment arrange-t-il les cubes? Pourquoi le grand cube glisse-t-il?
12. Qu'est-ce qu'on entend chaque fois qu'un objet descend des cintres?
13. Pourquoi le personnage monte-t-il à la corde?
14. Etes-vous jamais monté à la corde? Est-ce facile?
15. Pourquoi le personnage coupe-t-il la corde?
16. Que fait-il avec son bout de corde? Pourquoi?
17. Quels objets restent sur la scène après que la carafe remonte?
18. Quel objet ramasse-t-il quand il est rejeté sur la scène pour la dernière fois?
19. Pourquoi ouvre-t-il son col? Qu'a-t-il l'intention de faire?
20. Pourquoi ne peut-il pas agir selon son intention?
21. Pourquoi se trouve-t-il par terre à la fin de la pièce?
22. A quelle distance du sol se trouve la carafe? Essaie-t-il de l'atteindre?
23. Le personnage a-t-il l'air (does he seem) heureux ou triste à la fin de la pièce?
24. Comment interprétez-vous cet acte sans paroles?

moraliste *n.m.* social critic
célèbre famous
telles que such as
Le Plaisir de rompre "The Pleasure of Breaking Off Relations"
Le Pain de ménage "Household Bread"
faire partie to be part
répertoire *n.m.* repertory
la Comédie-Française French national theatre
Poil de carotte "Red Head"
malheureux unhappy
tourner un film to make a film
faiblesses *n.f.* weaknesses
Journal *n.m.* "Diary"
traduction *n.f.* translation
ainsi que as well as
croquis *n.m.* sketches
L'Oeil clair "With a clear eye"
morceau *n.m.* selection
tiré de taken from
ce dernier the latter
recueil *n.m.* collection

quatorze

1864-1910

Dramaturge, romancier et moraliste, Jules Renard est célèbre pour ses petites pièces de théâtre, telles que *Le Plaisir de rompre* (1897), ou *Le Pain de ménage* (1899). Ces comédies font aujourd'hui partie du répertoire de la Comédie-Française.

Le plus important de ses romans est *Poil de carotte* (1894), biographie d'un petit garçon malheureux. En 1900 l'auteur en a fait une version dramatique, et, plus récemment, on a tourné un film basé sur cette histoire.

Essentiellement moraliste, c'est-à-dire observateur des faiblesses des hommes et de la société, Jules Renard nous a laissé un *Journal* (publié en traduction anglaise en 1965) ainsi que des croquis, tels que *Histoires naturelles* et *L'Oeil clair*. Le morceau qu'on va lire est tiré de ce dernier recueil.

Il faut être fort!   One must be strong, powerful!
dès qu'on en a   as soon as you have any
faire valoir   to make the most of something
afin qu'il rapporte   so it will bring in a return
gloire   *n.f.*   glory
gloriole   *n.f.*   vanity
biens   *n.m.*   goods, property
mépriser   to look down upon
but   *n.m.*   aim
la vie . . . sens   life would be meaningless
corvée   *n.f.*   irksome chore, task
odieuse   hateful
dame!   well, I should say!
s'y entraîner   to train oneself for it
arrivisme   *n.m.*   opportunism
arriver   *réussir*
donc   therefore
se faire baptiser   to get christened
communier   to receive communion
achever   to finish
libéré . . . militaire   discharged from the army
se mettre . . . succès   to begin at once to achieve success
genre   *n.m.*   type
bruit   *n.m.*   noise, sensation
décoré   decorated (with the ribbon of the *Légion d'honneur,* order of merit founded by *Napoléon*)
académicien   *n.m.*   member of the *Académie française,* literary institute founded by Richelieu

seize

DIALOGUE DU JOUR

— Il faut être fort!
— Pardon! Il faut avoir du talent.
— Oui, sans doute, c'est presque indispensable, mais dès qu'on en a, il faut le faire valoir, le discipliner, l'administrer, l'exploiter, afin qu'il rapporte...
— De l'argent?
— Et le reste, de la considération, des honneurs...
— Et de l'honneur?
— Certainement.
— Et de la gloire?
— De la gloire aussi, et de la gloriole, tous les biens de ce monde; ne méprisons rien!
— Quel idéal!
— C'est le but de la vie; sans ce but, la vie n'aurait aucun sens.
— Mais avec ce but, la vie est une corvée odieuse!
— Ah! dame! Il faut s'y entraîner, commencer jeune.
— A quel âge?
— A la naissance. Naître c'est la première façon d'arriver. L'arrivisme part de là. On naît, donc on arrive! Puis il faut se faire baptiser, puis il faut communier, puis achever ses études.
— Lesquelles?
— Les plus brillantes.
— Puis être soldat?
— Puis, libéré du service militaire, il faut se mettre tout de suite à avoir du succès.
— De quel genre?
— Du genre qui fait le plus de bruit et qui rapporte le plus d'argent.
— Et puis?
— A trente ans, on est décoré; à quarante, académicien.

dix-sept

Ensuite?   Afterwards?
vieillir   to grow old
considérable   respected
meurt *(mourir)* dies
à l'heure ... fixée   at the time one has set
par-dessus le marché   to boot, into the bargain
sans s'en apercevoir   without realizing it
goûter   to enjoy
en courant   on the run, in a hurry
mêlé   mixed
bousculer   to push around
suffoquer   to choke
tourbillon *n.m.*   whirlwind
Ne saurait-il suffire?   Couldn't it be enough?
il ne sert à rien   it is of no use
Ne ... point ...   Couldn't one ...
se f(icher) du reste   (slang)   not to care about the rest
Je les suppose écrits ...   I'll assume them to be written ...
se reposer   to rest
faire rendre   to make pay
Il n'y a pas ... force.   Power has no limits.
Qu'est-ce qu'un homme de lettres ... financiers?
   What would you think of a writer who didn't get the best of editors, critics, colleagues and bankers?
rouler   to get the best of, cheat; roll

— Et si on ne l'est pas?
— Il faut l'être.
— Ensuite?
— Sans s'arrêter d'avoir beaucoup de succès d'argent, on vieillit considérable, riche, puissant et officiel; on tient une place énorme.
— Et après?
— On meurt en triomphe, à l'heure qu'on s'est fixée.
— Et le bonheur?
— On l'a eu.
— Comment dites-vous?
— Je dis: on l'a eu, par-dessus le marché, sans s'en apercevoir.
— Sans prendre le temps de le goûter?
— On le goûte en courant. Le bonheur, c'est quelque chose de rapide, de mêlé, de violent et de vague, qui bouscule et suffoque. L'unique bonheur, c'est d'être très fort, dans un tourbillon.
— Et d'avoir du talent?
— Je répète que le talent n'est pas inutile.
— Ne saurait-il suffire?
— Seul, il ne sert à rien.
— Ne pourrait-on point, par exemple, écrire une belle œuvre et se f... du reste?
— Une belle œuvre! C'est dix, vingt livres ou pièces qu'il faut écrire pour être fort.
— Vingt! si on peut.
— On le doit.
— Je les suppose écrits; j'espère qu'alors on a le droit de se reposer.
— Pour être plus fort?
— Pour être enfin heureux.
— C'est la même chose; non, pas de repos! Il faut faire rendre à de nouvelles œuvres encore beaucoup d'argent.
— Combien?
— Le plus possible.
— Où est la limite?
— Il n'y a pas de limite à la force. Qu'est-ce qu'un homme de lettres qui ne roulerait pas les directeurs, les critiques, les confrères et les financiers?

dix-neuf

se contenter de   to be satisfied with
nécessaire   n.m.   bare necessities
superflu   n.m.   the superfluous
chef-d'oeuvre   n.m.   masterpiece
fou   crazy
réclame   n.f.   advertising
inventer   to discover, invent
Il faut . . . aussi?   Must one worry about that, too?
Surtout . . .   Especially
Tapons . . . public . . .   Let's beat the public over the head . . .
abrutissons-le   let's brainwash it
Ne vaudrait-il . . . reconnaître . . .   Wouldn't it be better to admit . . .
A quoi bon . . .   Why . . .
Ça délasserait.   That would be relaxing.
croix   n.f.   cross (of the *Légion d'honneur*)
mériter   to deserve
fortement   vehemently
envoyez . . . domicile   have it sent for at its place of abode (the appropriate ministry)
fauteuil   n.m.   arm-chair (of the *Académie française*)
trente-neuf visites   when one of the forty *académiciens* dies, a candidate solicits the votes of the remaining members
pour la forme   for the sake of appearances
ignorer   not to know
tout de même   all the same
lâche   cowardly
à la mode   fashionable
Que . . . insupportable . . .   How irritating you are . . .
Puisque . . . force . . .   Since happiness is measured only by power . . .
n'importe qui   anyone at all
présider   to be at the head of
enterrements   n.m.   funerals

vingt

— Si on se contente du nécessaire?
— Le superflu est nécessaire.
— Un chef-d'œuvre, abandonné à lui-même, ne saurait-il produire assez d'argent?
— Vous êtes fou! Et la réclame! L'a-t-on inventée pour les chiens?
— Il faut s'occuper de ça aussi?
— Surtout de ça. Tapons sur la tête du public, abrutissons-le.
— Ne vaudrait-il pas mieux reconnaître, de temps en temps, que la pièce est médiocre ou le livre mauvais?
— A quoi bon cette faiblesse?
— Ça délasserait.
— Voulez-vous être académicien, oui ou non?
— Je veux d'abord qu'on m'offre la croix, si je la mérite.
— Demandez-la fortement, et envoyez-la chercher à domicile, au ministère, par vos amis.
— Quels amis?
— Tout le monde.
— Et pour obtenir un fauteuil à l'Académie?
— Faites trente-neuf visites.
— Avec mes chefs-d'œuvre sous le bras?
— Oui, pour la forme; vos œuvres suffiront.
— Mais, si on méprise ou ignore deux douzaines de ces messieurs qu'on va voir?
— Naturellement, on en ignore ou méprise au moins vingt-quatre.
— Et on les visite tout de même, par lâche hypocrisie?
— Par simple politesse à la mode.
— Ce n'est donc pas une question de dignité?
— C'est une question de force.
— Que vous êtes insupportable, avec votre force!
— Puisque le bonheur ne se mesure qu'à la force, et qu'être fort c'est avoir plus de succès que les autres, plus de richesses, plus de célébrité que n'importe qui, et que vivre, c'est dominer, je veux dire présider.
— Présider quoi?
— Tout! les sociétés, les commissions, les inaugurations, les enterrements, tout, tout.

vingt et un

il leur faut des femmes   they need women
Une à la fois . . .   One at a time . . .
si . . . mieux   if one can't do better
songer   to consider
Extrayons-le!   Let's extract it!
L'homme d'une seule femme . . .   A one-woman man . . .
accorder   to grant
Aucune!   None!
diable   the devil!
prenez garde!   watch out!
point . . . perdues   no wasted walks
pas . . . malsaines   no unwholesome daydreams
Pas de bêtises.   No nonsense.
Compris!   Got it!
De sorte que . . .   So that . . .
selon   according to
l'homme . . . talent   the man who would concentrate only on having talent
vivrait à l'écart   would live apart from the world
faire un pas   to take one step
vers   toward
quelles qu'elles soient   whatever they might be
estimant   assuming
son oeuvre terminée   once his work is finished
ce n'est pas . . . déranger   it's not up to him to bestir himself
serin   *n.m.*   canary; *ici:* bird brain

vingt-deux

— Et l'amour?
— Je ne l'oublie pas. Les femmes aiment les hommes forts;
il leur faut des femmes.
— En quelle quantité?
— Une à la fois, si on ne peut pas mieux, mais une série de   5
maîtresses enrichit l'homme fort. Songez que, dans toute femme
nouvelle, il y a un sujet de pièce ou de roman. Extrayons-le!
L'homme d'une seule femme reste faible d'esprit.
— Et la nature, lui accordez-vous une petite place?
— Aucune! Ah! diable, prenez garde! point de promenades   10
perdues, point d'horizons indéterminés, point d'eau, point d'arbres, pas de rêveries malsaines! Pas de bêtises.
— Compris! De sorte que, selon vous, l'homme qui ne se
soucierait que d'avoir du talent, vivrait à l'écart et refuserait de
faire un pas vers les récompenses, quelles qu'elles soient, estimant   15
que, son œuvre terminée, ce n'est pas à lui de se déranger, cet
homme-là serait...
— Un artiste.
— Ah!
— Et un serin.   20

QUESTIONNAIRE

1. Que faut-il faire si on a du talent?
2. Que rapporte un talent bien exploité?
3. Pourquoi ce concept de la vie est-il matérialiste?
4. Que faut-il faire pour arriver?
5. Quelles sont les récompenses de l'arrivisme?
6. Selon le matérialiste du dialogue, le bonheur est-il important?
7. Quelle est votre idée du bonheur?
8. Quelle différence y a-t-il entre livres, romans et pièces?
9. Selon le matérialiste, pourquoi écrit-on des œuvres littéraires?
10. Est-ce que la réclame est importante aujourd'hui?
11. Comment atteint-on le public de nos jours?
12. L'amour est-il important pour un matérialiste?

vingt-trois

vingt-quatre

vingt-cinq

Roumain ... *n.m.* Rumanian ...
passer to spend
enfance *n.f.* childhood
avant ... définitivement before settling there for good
ayant *(avoir)* having
contes *n.m.* short stories
assez *ici:* rather
les formules du langage conventional speech
La Cantatrice chauve "The Bald Soprano"
piéton *n.m.* pedestrian
provoquer to elicit, arouse
chez les critiques ... les spectateurs among the critics and spectators
se préoccuper de to be concerned with
isolement *n.m.* isolation
attribut *n.m.* attribute, characteristic
faire ressortir to bring out
plan *n.m.* plane
en dépit de in spite of
se retrouver to find oneself again
moralement psychologically, spiritually

IONESCO
1912-

Roumain d'origine, Eugène Ionesco avait passé une partie de son enfance en France avant de s'y établir définitivement. Ayant déjà écrit des contes et des pièces en roumain, il s'est transformé assez facilement en homme de lettres de langue française.

Un des initiateurs de ce qu'on a appelé le «théâtre de l'absurde», Ionesco écrit, dans une prose assez formelle, des anti-pièces, où il satirise la logique, les formules du langage, et les attitudes conventionnelles.

Des pièces d'Ionesco telles que *La Cantatrice chauve*, *Le Rhinocéros*, *Les Chaises*, ou *Le Piéton de l'air*, provoquent chez les critiques et chez les spectateurs les interprétations les plus variées.

Comme d'autres écrivains de notre époque, Ionesco se préoccupe du thème philosophique de l'isolement, attribut de notre condition humaine. Dans le passage qu'on va lire, l'auteur fait ressortir ce problème sur le plan de l'absurde. Les deux personnages grotesques, en dépit de leurs efforts, n'arrivent jamais à se comprendre ; et à la fin de la scène chacun se retrouve moralement seul.

bourgeois   middle class
soirée *n.f.*   evening
pantoufles *n.f.*   slippers
fumer   to smoke
lunettes *n.f.*   glasses
raccommoder   to mend
chaussettes *n.f.*   socks
pendule *n.f.*   clock
frappe . . . coups   strikes seventeen times
Tiens . . .   Say . . .
pommes de terre au lard   potatoes with bacon
fait claquer sa langue   clicks his tongue
huile *n.f.*   oil
rance   rancid
épicier *n.m.*   grocer
coin *n.m.*   corner
en face   opposite
du bas de la côte   at the bottom of the hill
leur huile à eux   their oil
soit *(être)*   may be
Pourtant . . .   yet . . .
toujours   *ici:* still

vingt-huit

LA CANTATRICE CHAUVE

SCENE I

Intérieur bourgeois anglais, avec des fauteuils anglais. Soirée anglaise. M. Smith, Anglais, dans son fauteuil et ses pantoufles anglais, fume sa pipe anglaise et lit un journal anglais, près d'un feu anglais. Il a des lunettes anglaises, une petite moustache grise, anglaise. A côté de lui, dans un autre fauteuil anglais, Mme Smith, Anglaise, raccommode des chaussettes anglaises. Un long moment de silence anglais. La pendule anglaise frappe dix-sept coups anglais.

Mme Smith. — Tiens, il est neuf heures. Nous avons mangé de la soupe, du poisson, des pommes de terre au lard, de la salade anglaise. Les enfants ont bu de l'eau anglaise. Nous avons bien mangé, ce soir. C'est parce que nous habitons dans les environs de Londres et que notre nom est Smith.

M. Smith, *continuant sa lecture, fait claquer sa langue.*

Mme Smith. — Les pommes de terre sont très bonnes avec le lard, l'huile de la salade n'était pas rance. L'huile de l'épicier du coin est de bien meilleure qualité que l'huile de l'épicier d'en face, elle est même meilleure que l'huile de l'épicier du bas de la côte. Mais je ne veux pas dire que leur huile à eux soit mauvaise.

M. Smith, *continuant sa lecture, fait claquer sa langue.*

Mme Smith. — Pourtant, c'est toujours l'huile de l'épicier du coin qui est la meilleure...

M. Smith, *continuant sa lecture, fait claquer sa langue.*

Mme Smith. — Mary a bien cuit les pommes de terre, cette

cuire to cook
Je ne les aime... cuites. I only like them well done.
Je m'en suis léché les babines. I licked my lips.
J'en ai pris deux fois. I had two helpings.
Ça me fait . . . cabinets. That makes me go to the bathroom.
tandis que while
Comment ça se fait? How come?
D'habitude . . . Usually . . .
Ce n'est pas l'appétit . . . manque. You sure have a good appetite.
salée salty
sel *n.m.* *ici:* wit, pep
poireaux *n.m.* leek
conseiller à to advise
ajouter to add
anis étoilé star-shaped anis leaves
je saurai m'y prendre I'll know how to do it
s'en mettre . . . lampe to gorge oneself
viser to stare at
verser to pour
ménagère *n.f.* housekeeper
qui ne boit . . . lait who only drinks milk
bouillie *n.f.* gruel
Ça se voit . . . deux ans. It's obvious she's only two years old.
coings *n.m.* quince
haricots *n.m.* beans
On aurait bien fait . . . It would have been a good idea . . .
vin de Bourgogne Burgundy wine
une mauvaise . . . gourmandise a bad example of gluttony
mesuré moderate
qui vient d'arriver who has just arrived
yaourt *n.m.* yogurt
marmite *n.f.* pot
pareilles similar, like

trente

fois-ci. La dernière fois elle ne les avait pas bien fait cuire. Je ne les aime que lorsqu'elles sont bien cuites.

M. S<small>MITH</small>, *continuant sa lecture, fait claquer sa langue.*

M<small>ME</small> S<small>MITH</small>. — Le poisson était frais. Je m'en suis léché les babines. J'en ai pris deux fois. Non, trois fois. Ça me fait aller aux cabinets. Toi aussi tu en as pris trois fois. Cependant la troisième fois, tu en as pris moins que les deux premières fois, tandis que moi j'en ai pris beaucoup plus. J'ai mieux mangé que toi, ce soir. Comment ça se fait? D'habitude, c'est toi qui mange le plus. Ce n'est pas l'appétit qui te manque.

M. S<small>MITH</small> *fait claquer sa langue.*

M<small>ME</small> S<small>MITH</small>. — Cependant, la soupe était peut-être un peu trop salée. Elle avait plus de sel que toi. Ah, ah, ah. Elle avait aussi trop de poireaux et pas assez d'oignons. Je regrette de ne pas avoir conseillé à Mary d'y ajouter un peu d'anis étoilé. La prochaine fois, je saurai m'y prendre.

M. S<small>MITH</small>, *continuant sa lecture, fait claquer sa langue.*

M<small>ME</small> S<small>MITH</small>. — Notre petit garçon aurait bien voulu boire de la bière, il aimera s'en mettre plein la lampe, il te ressemble. Tu as vu à table, comme il visait la bouteille? Mais moi, j'ai versé dans son verre de l'eau de la carafe. Il avait soif et il l'a bue. Hélène me ressemble: elle est bonne ménagère, économe, joue du piano. Elle ne demande jamais à boire de la bière anglaise. C'est comme notre petite fille qui ne boit que du lait et ne mange que de la bouillie. Ça se voit qu'elle n'a que deux ans. Elle s'appelle Peggy.

La tarte aux coings et aux haricots a été formidable. On aurait bien fait peut-être de prendre, au dessert, un petit verre de vin de Bourgogne australien mais je n'ai pas apporté le vin à table afin de ne pas donner aux enfants une mauvaise preuve de gourmandise. Il faut leur apprendre à être sobre et mesuré dans la vie.

M. S<small>MITH</small>, *continuant sa lecture, fait claquer sa langue.*

M<small>ME</small> S<small>MITH</small>. — Mrs Parker connaît un épicier roumain, nommé Popesco Rosenfeld, qui vient d'arriver de Constantinople. C'est un grand spécialiste en yaourt. Il est diplômé de l'école des fabricants de yaourt d'Andrinople. J'irai demain lui acheter une grande marmite de yaourt roumain folklorique. On n'a pas souvent des choses pareilles ici, dans les environs de Londres.

trente et un

reins *n.m.*   kidneys
apothéose *n.f.*   transfiguration
soigner   to treat
médicaments *n.m.*   medicines
faire l'expérience   to test
faire opérer   to have someone operated on
foie *n.m.*   liver
aucunement   *pas du tout*
s'en soit tiré   pulled through
réussir   to succeed
chez le docteur   *dans le cas du docteur*
aurait dû réussir   ought to have been successful
succomber   *mourir*
vagues *n.f.*   waves
survivre   to outlive
maladies *n.f.*   illnesses
d'ailleurs   furthermore
sain   healthy
vaisseau *n.m.*   *bateau*
il devait périr   he should have perished
Je n'y avais pas pensé . . .   I hadn't thought of that . . .
juste   correct
ne sont que des charlatans   are mere quacks
marine *n.f.*   navy
marins *n.m.*   sailors
rubrique *n.f.*   heading
état civil   vital statistics (births, marriages, deaths)
décédées   *mortes*
nouveau-nés   new born

trente-deux

M. Smith, *continuant sa lecture, fait claquer sa langue.*
Mme Smith. — Le yaourt est excellent pour l'estomac, les reins, l'appendicite et l'apothéose. C'est ce que m'a dit le docteur Mackenzie-King qui soigne les enfants de nos voisins, les Johns. C'est un bon médecin. On peut avoir confiance en lui. Il ne recommande jamais d'autres médicaments que ceux dont il a fait l'expérience sur lui-même. Avant de faire opérer Parker, c'est lui d'abord qui s'est fait opérer du foie, sans être aucunement malade.
M. Smith. — Mais alors comment se fait-il que le docteur s'en soit tiré et que Parker en soit mort?
Mme Smith. — Parce que l'opération a réussi chez le docteur et n'a pas réussi chez Parker.
M. Smith. — Alors Mackenzie n'est pas un bon docteur. L'opération aurait dû réussir chez tous les deux ou alors tous les deux auraient dû succomber.
Mme Smith. — Pourquoi?
M. Smith. — Un médecin consciencieux doit mourir avec le malade s'ils ne peuvent pas guérir ensemble. Le commandant d'un bateau périt avec le bateau, dans les vagues. Il ne lui survit pas.
Mme Smith. — On ne peut comparer un malade à un bateau.
M. Smith. — Pourquoi pas? Le bateau a aussi ses maladies; d'ailleurs ton docteur est aussi sain qu'un vaisseau; voilà pourquoi encore il devait périr en même temps que le malade comme le docteur et son bateau.
Mme Smith. — Ah! Je n'y avais pas pensé... C'est peut-être juste... et alors, quelle conclusion en tires-tu?
M. Smith. — C'est que tous les docteurs ne sont que des charlatans. Et tous les malades aussi. Seule la marine est honnête en Angleterre.
Mme Smith. — Mais pas les marins.
M. Smith. — Naturellement.

Pause.

M. Smith, *toujours avec son journal.* — Il y a une chose que je ne comprends pas. Pourquoi à la rubrique de l'état civil, dans le journal, donne-t-on toujours l'âge des personnes décédées et jamais celui des nouveau-nés? C'est un non-sens.
Mme Smith. — Je ne me le suis jamais demandé!

Tiens . . . Say . . .
étonné surprised
Bien sûr . . . rappelle. Of course I remember.
sur le journal in the newspaper
son décès *sa mort*
Je m'en suis souvenu . . . I remembered it . . .
cadavre *n.m.* corpse
Il ne paraissait pas . . . He didn't look . . .
il y avait . . . mort he had been dead four years
Ce n'est qu'après . . . lui . . . It was only after his death . . .
confondre to confuse
par hasard by chance
traits *n.m.* features
forte husky, buxom
maigre thin
professeur de chant music teacher

trente-quatre

Un autre moment de silence. La pendule sonne sept fois. Silence. La pendule sonne trois fois. Silence. La pendule ne sonne aucune fois.

M. S<small>MITH</small>, *toujours dans son journal*. — Tiens, c'est écrit que Bobby Watson est mort.

M<small>ME</small> S<small>MITH</small>. — Mon Dieu, le pauvre, quand est-ce qu'il est mort?

M. S<small>MITH</small>. — Pourquoi prends-tu cet air étonné? Tu le savais bien. Il est mort il y a deux ans. Tu te rappelles, on a été à son enterrement, il y a un an et demi.

M<small>ME</small> S<small>MITH</small>. — Bien sûr que je me rappelle. Je me suis rappelé tout de suite, mais je ne comprends pas pourquoi toi-même tu as été si étonné de voir ça sur le journal.

M. S<small>MITH</small>. — Ça n'y etait pas sur le journal. Il y a déjà trois ans qu'on a parlé de son décès. Je m'en suis souvenu par associations d'idées!

M<small>ME</small> S<small>MITH</small>. — Dommage! Il était si bien conservé.

M. S<small>MITH</small>. — C'était le plus joli cadavre de Grande-Bretagne! Il ne paraissait pas son âge. Pauvre Bobby, il y avait quatre ans qu'il était mort et il était encore chaud. Un véritable cadavre vivant. Et comme il était gai!

M<small>ME</small> S<small>MITH</small>. — La pauvre Bobby.

M. S<small>MITH</small>. — Tu veux dire « le » pauvre Bobby.

M<small>ME</small> S<small>MITH</small>. — Non, c'est à sa femme que je pense. Elle s'appelait comme lui, Bobby, Bobby Watson. Comme ils avaient le même nom, on ne pouvait pas les distinguer l'un de l'autre quand on les voyait ensemble. Ce n'est qu'après sa mort à lui, qu'on a pu vraiment savoir qui était l'un et qui était l'autre. Pourtant, aujourd'hui encore, il y a des gens qui la confondent avec le mort et lui présentent des condoléances. Tu la connais?

M. S<small>MITH</small>. — Je ne l'ai vue qu'une fois, par hasard, à l'enterrement de Bobby.

M<small>ME</small> S<small>MITH</small>. — Je ne l'ai jamais vue. Est-ce qu'elle est belle?

M. S<small>MITH</small>. — Elle a des traits réguliers et pourtant on ne peut pas dire qu'elle est belle. Elle est trop grande et trop forte. Ses traits ne sont pas réguliers et pourtant on peut dire qu'elle est très belle. Elle est un peu trop petite et trop maigre. Elle est professeur de chant.

se marier to get married
au plus tard at the latest
Il faudra . . . aller . . . We'll doubtless have to go . . .
cadeau de noces wedding present
Je me demande lequel? I wonder what?
plateaux d'argent silver trays
dont on . . . don that we were given
qui ne nous . . . rien that were never of any use to us
demeurée veuve widowed
Heureusement . . . Fortunately . . .
Il ne leur manquait . . . cela! That's all they needed!
deuil *n.m.* mourning
soin *n.m.* care
se charger de to take charge of
à son tour in turn
Comme ça . . . In that way . . .
maman *n.f.* mummy, mother
commis-voyageur *n.m.* traveling salesman

La pendule sonne cinq fois. Un long temps.

MME SMITH. — Et quand pensent-ils se marier, tous les deux?
M. SMITH. — Le printemps prochain, au plus tard.
MME SMITH. — Il faudra sans doute aller à leur mariage.
M. SMITH. — Il faudra leur faire un cadeau de noces. Je me demande lequel?
MME SMITH. — Pourquoi ne leur offririons-nous pas un des sept plateaux d'argent dont on nous a fait don à notre mariage à nous et qui ne nous ont jamais servi à rien?
MME SMITH. — C'est triste pour elle d'être demeurée veuve si jeune.
M. SMITH. — Heureusement qu'ils n'ont pas eu d'enfants.
MME SMITH. — Il ne leur manquait plus que cela! Des enfants! Pauvre femme, qu'est-ce qu'elle en aurait fait!
M. SMITH. — Elle est encore jeune. Elle peut très bien se remarier. Le deuil lui va si bien!
MME SMITH. — Mais qui prendra soin des enfants? Tu sais bien qu'ils ont un garçon et une fille. Comment s'appellent-ils?
M. SMITH. — Bobby et Bobby comme leurs parents. L'oncle de Bobby Watson, le vieux Bobby Watson est riche et il aime le garçon. Il pourrait très bien se charger de l'éducation de Bobby.
MME SMITH. — Ce serait naturel. Et la tante de Bobby Watson, la vieille Bobby Watson pourrait très bien, à son tour, se charger de l'éducation de Bobby Watson, la fille de Bobby Watson. Comme ça, la maman de Bobby Watson, Bobby, pourrait se remarier. Elle a quelqu'un en vue?
M. SMITH. — Oui, un cousin de Bobby Watson.
MME SMITH. — Qui? Bobby Watson?
M. SMITH. — De quel Bobby Watson parles-tu?
MME SMITH. — De Bobby Watson, le fils du vieux Bobby Watson l'autre oncle de Bobby Watson, le mort.
M. SMITH. — Non, ce n'est pas celui-là, c'est un autre. C'est Bobby Watson, le fils de la vieille Bobby Watson la tante de Bobby Watson, le mort.
MME SMITH. — Tu veux parler de Bobby Watson, le commis-voyageur?
M. SMITH. — Tous les Bobby Watson sont commis-voyageurs.

trente-sept

Quel dur métier! What a difficult profession!
on y fait . . . affaires people do well in it
concurrence *n.f.* competition
pareils alike
toute la journée all day long
ou bien or else
vous vous mettez . . . lèvres you put on powder and paint your lips
en train . . . arrêt busy drinking all the time
Quant à moi . . . fiche! As for me, I don't care!
embêter to annoy
plaisanterie *n.f.* joke
dents *n.f.* teeth
poulet rôti roast chicken
cracher to spit
pour rire as a joke
taille *n.f.* waist
embrasser to kiss
amoureux *n.m.* lovers
éteindre to put out the lights
faire dodo to go to sleep; (terme familier) used in speaking to small children

Mme Smith. — Quel dur métier! Pourtant, on y fait de bonnes affaires.

M. Smith. — Oui, quand il n'y a pas de concurrence.

Mme Smith. — Et quand n'y a-t-il pas de concurrence?

M. Smith. — Le mardi, le jeudi et le mardi.

Mme Smith. — Ah! trois jours par semaine? Et que fait Bobby Watson pendant ce temps-là?

M. Smith. — Il se repose, il dort.

Mme Smith. — Mais pourquoi ne travaille-t-il pas pendant ces trois jours s'il n'y a pas de concurrence?

M. Smith. — Je ne peux pas tout savoir. Je ne peux pas répondre à toutes tes questions idiotes!

Mme Smith, *offensée*. — Tu dis ça pour m'humilier?

M. Smith, *tout souriant*. — Tu sais bien que non.

Mme Smith. — Les hommes sont tous pareils! Vous restez là, toute la journée, la cigarette à la bouche ou bien vous vous mettez de la poudre et vous fardez vos lèvres, cinquante fois par jour, si vous n'êtes pas en train de boire sans arrêt!

M. Smith. — Mais qu'est-ce que tu dirais si tu voyais les hommes faire comme les femmes, fumer toute la journée, se poudrer, se mettre du rouge aux lèvres, boire du whisky?

Mme Smith. — Quant à moi, je m'en fiche! Mais si tu dis ça pour m'embêter, alors... je n'aime pas ce genre de plaisanterie, tu le sais bien!

Elle jette les chaussettes très loin et montre ses dents. Elle se lève.

M. Smith, *se lève à son tour et va vers sa femme, tendrement*. — Oh! mon petit poulet rôti, pourquoi craches-tu du feu! tu sais bien que je dis ça pour rire! *(Il la prend par la taille et l'embrasse.)* Quel ridicule couple de vieux amoureux nous faisons! Viens, nous allons éteindre et nous allons faire dodo!

IONESCO

QUESTIONNAIRE

1. Trouvez-vous normale la description des Smith et de leur intérieur?
2. L'auteur fait-il le portrait de Mme Smith?
3. Y a-t-il beaucoup de pendules qui frappent dix-sept fois?
4. Qu'est-ce que les Smith ont mangé?
5. Mange-t-on souvent des pommes de terre au lard?
6. Où Mme Smith achète-t-elle l'huile pour la salade?
7. Que fait M. Smith pendant que sa femme parle?
8. Comment Mme Smith a-t-elle trouvé le poisson?
9. Combien de fois M. Smith en a-t-il pris?
10. Aimez-vous la soupe bien salée?
11. Est-ce que Mme Smith était contente de la soupe?
12. Le petit garçon a-t-il bu de la bière? La petite fille?
13. Quel dessert les Smith ont-ils pris?
14. Pourquoi n'ont-ils pas pris de vin?
15. Est-ce que le yaourt est populaire aux Etats-Unis?
16. Pourquoi Mme Smith a-t-elle confiance en son médecin?
17. De quoi le docteur s'est-il fait opérer?
18. Quelle différence y a-t-il entre un marin et la marine?
19. Approuvez-vous l'opinion de M. Smith sur les médecins?
20. Qu'y a-t-il de bizarre dans la réponse de M. Smith sur la mort et sur l'enterrement de Bobby Watson?
21. Pourquoi le cadavre de Bobby était-il remarquable?
22. En quelle occasion est-ce qu'on présente des condoléances?
23. M. Smith trouve-t-il que la veuve de Bobby est belle?
24. Quelle est la profession de la veuve?
25. Quand est-ce qu'on porte le deuil?
26. Quel est le métier des Watson en général?
27. Pourquoi ce métier est-il dur?
28. Est-ce que Bobby le commis-voyageur travaille tous les jours?
29. La description que Mme Smith fait des hommes est-elle réaliste?
30. Comment Mme Smith montre-t-elle sa déplaisir?
31. Est-ce que M. Smith aime sa femme?
32. Avez-vous trouvé cette scène amusante? Donnez vos raisons.

ZOLA

quarante et un

théoricien *n.m.* theorist
au cours de in the course of
traits *n.m.* characteristics
se répercuter to reverberate
à travers through
milieux *n.m.* environments
le second Empire *le régime de Napoléon III, empereur des Français de 1852 à 1870 et neveu de Napoléon Bonaparte*
En même temps . . . At the same time . . .
il brosse . . . tableau he paints an enormous picture
assommoir *n.m.* bar selling cheap liquor
se dérouler to unfold *ici:* to take place
le monde ouvrier working class locale
peindre to paint, depict
déchéance *n.f.* deterioration, downfall
enquête *n.f.* investigation
demi-monde *n.m.* world of immorality
pot-bouille *n.f.* "meat and potatoes" diet; in Zola's use, the living together in proximity of the tenants, in the apartment house which is the scene of his novel
commentaire *n.m.* commentary
Germinal term of the Revolutionary calendar designating the spring of the year
rude harsh
mineurs *n.m.* coal miners
Devenu . . . Having become . . .
risquer to risk
en défendant by defending
complot *n.m.* plot
crise *n.f.* crisis
morale *ici:* spiritual
de quelques années by several years

Emile ZOLA

1840-1902

Styliste extraordinaire, et, après Hugo et Balzac l'écrivain le plus dynamique du dix-neuvième siècle, Emile Zola était le théoricien du mouvement littéraire qu'on appelle le *naturalisme*. Affirmant que le romancier doit adopter la méthode expérimentale des sciences naturelles, Zola commence, dès 1871, à publier une série de vingt romans: les *Rougon-Macquart*. Au cours de cette oeuvre complexe il trace les ramifications de certains traits héréditaires qui se répercutent à travers les milieux les plus variés sur cinq générations successives d'une famille sous le second Empire. En même temps il brosse un énorme tableau documentaire où il signale les tares de la société française de son époque.

Parmi les chefs-d'oeuvre des *Rougon Macquart* se trouvent *L'Assommoir* (1877), roman qui se déroule dans le monde ouvrier et qui peint la déchéance de l'homme par l'alcool; *Nana* (1880), enquête sur le demi-monde; *Pot-Bouille* (1882), commentaire sur l'hypocrisie bourgeoise; et *Germinal* (1885), où on décrit la vie rude des mineurs.

Devenu socialiste, Zola risque sa fortune et sa réputation en défendant le capitaine Alfred Dreyfus, victime d'un complot antisémitique. Son célèbre article, *J'accuse...* (1898), proclame l'innocence de Dreyfus, et provoque une crise morale en France.

Les trois contes qu'on va lire précèdent de quelques années les *Rougon-Macquart;* on y remarque déjà les préoccupations humanitaires qui vont caractériser une grande partie de l'oeuvre de Zola.

épaules *n.f.* shoulders
larges rideaux wide curtains
au timbre clair at the clear chiming
tiède pleasantly warm
tapis *n.m.* carpets
un nid moelleux a downy nest
chaleurs *n.f.* warmth
traîner to linger
éveillée awake
prise gripped
subite sudden
couvertures *n.f.* covers
sonner *ici:* to ring for
est-ce qu'il dégèle is the ice melting
d'une voix émue in a voice touched with emotion
taudis *n.m.* hovels, slums
si le ciel . . . grâce if heaven has been kind
remords *n.m.* twinges of conscience
grelotter to shiver
peignoir *n.m.* dressing gown, robe
chauffer to warm
Il gèle plus fort . . . It is icier than before . . .
tant mieux so much the better
patiner to ice skate

LES EPAULES DE LA MARQUISE

I

La marquise dort dans son grand lit, sous les larges rideaux de satin jaune. A midi, au timbre clair de la pendule, elle se décide à ouvrir les yeux.

La chambre est tiède. Les tapis, les draperies des portes et des fenêtres, en font un nid moelleux, où le froid n'entre pas. Des chaleurs, des parfums traînent. Là, règne l'éternel printemps.

Et, dès qu'elle est bien éveillée, la marquise semble prise d'une anxiété subite. Elle rejette les couvertures, elle sonne Julie.

— Madame a sonné?

— Dites, est-ce qu'il dégèle?

Oh! bonne marquise! Comme elle a fait cette question d'une voix émue! Sa première pensée est pour ce froid terrible, ce vent du nord qu'elle ne sent pas, mais qui doit souffler si cruellement dans les taudis des pauvres gens. Et elle demande si le ciel a fait grâce, si elle peut avoir chaud sans remords, sans songer à tous ceux qui grelottent.

— Est-ce qu'il dégèle, Julie?

La femme de chambre lui offre le peignoir du matin, qu'elle vient de faire chauffer devant un grand feu.

— Oh! non, madame, il ne dégèle pas. Il gèle plus fort, au contraire... On vient de trouver un homme mort de froid sur un omnibus.

La marquise est prise d'une joie d'enfant; elle tape ses mains l'une contre l'autre, en criant:

— Ah! tant mieux! j'irai patiner cette après-midi.

quarante-cinq

tirer *ici:* to draw open
blesser   to hurt
emplir   to fill
veille *n.f.*   night before
garnie   decorated
guipures *n.f.*   lace trimming
filets *n.m.*   webbing
a relevé . . . cheveux   put her curly blond hair up
se décolleter   to wear low-cut gowns
les Tuileries   palace destroyed during the Commune (civil war) of 1871
elle a . . . épaules   she has displayed her shoulders
cohue *n.f.*   crowd
assiduité *n.f.*   diligence
enseigne *n.f.*   sign
Il lui a bien fallu suivre la mode . . .   Of course she had to follow the style . . .
échancrer   to lower the neck line of her dresses
tantôt . . . tantôt   at one time . . . at another time
chute des reins *n.f.*   the lower back
gorge *n.f. ici:* breasts
fossette à fossette   dimple by dimple
livrer   to yield
corsage *n.m.*   bosom
Il n'y a pas . . . poitrine . . .   Not the tiniest part of her back or breast . . .
qui ne soit connu   that is not known
la Madeleine   Grecian-style church near the *Place de la Concorde*
Saint-Thomas-d'Aquin   church on the Left Bank
largement étalées   generously displayed
blason *n.m.*   coat of arms
règne *n.m. ici:* reign of Napoleon III
Certes . . .   Of course . . .
le pont Neuf   one of the oldest bridges in Paris
On n'a besoin que . . . bout . . .   People only need to catch a glimpse . . .
s'écrier   to cry out

II

Julie tire les rideaux, doucement, pour qu'une clarté brusque ne blesse pas la vue tendre de la délicieuse marquise.

Le reflet bleuâtre de la neige emplit la chambre d'une lumière toute gaie. Le ciel est gris, mais d'un gris si joli qu'il rappelle à la marquise une robe de soie gris-perle qu'elle portait, la veille, au bal du ministère. Cette robe était garnie de guipures blanches, pareilles à ces filets de neige qu'elle aperçoit au bord des toits, sur la pâleur du ciel.

La veille, elle était charmante, avec ses nouveaux diamants. Elle s'est couchée à cinq heures. Aussi a-t-elle encore la tête un peu lourde. Cependant, elle s'est assise devant une glace, et Julie a relevé le flot blond de ses cheveux. Le peignoir glisse, les épaules restent nues, jusqu'au milieu du dos.

Toute une génération a déjà vieilli dans le spectacle des épaules de la marquise. Depuis que, grâce à un pouvoir fort, les dames de naturel joyeux peuvent se décolleter et danser aux Tuileries, elle a promené ses épaules dans la cohue des salons officiels, avec une assiduité qui a fait d'elle l'enseigne vivante des charmes du Second Empire. Il lui a bien fallu suivre la mode, échancrer ses robes, tantôt jusqu'à la chute des reins, tantôt jusqu'aux pointes de la gorge; si bien que la chère femme, fossette à fossette, a livré tous les trésors de son corsage. Il n'y a pas grand comme ça de son dos et de sa poitrine qui ne soit connu de la Madeleine à Saint-Thomas-d'Aquin. Les épaules de la marquise, largement étalées, sont le blason voluptueux du règne.

III

Certes, il est inutile de décrire les épaules de la marquise. Elles sont populaires comme le pont Neuf. Elles ont fait pendant dix-huit ans partie des spectacles publics. On n'a besoin que d'en apercevoir le moindre bout, dans un salon, au théâtre ou ailleurs, pour s'écrier: "Tiens! la marquise! je reconnais le signe noir de son épaule gauche!"

quarante-sept

grasses plump
provoquantes provocative
finesse *n.f.* delicacy
dalles *n.f.* flagstones
foule *n.f.* crowd
à la longue eventually, in the end
amant *n.m.* lover
j'aimerais mieux I'd prefer
bouton *n.m.* *ici:* doorknob
cabinet *n.m.* office
usé worn smooth
solliciteurs *n.m.* political favor seekers
effleurer to touch lightly
de quelle argile ... pétrir with what sort of clay nature must have molded them
rongées et émiettées worn and crumbling
au grand air in the open air
dont les vents ... contours whose contours the winds have eroded
pudeur *n.f.* modesty
sur la brèche active, fighting
ramenant les indécis winning back the undecided
à coups de sourires by dint of smiles
étayant le trône bracing the throne
seins d'albâtre alabaster breasts
menaçant threatening
enlever un vote to carry a vote
rogner ses chemisettes to lower the collars of her blouses
sans qu'une ride ... blanc without a wrinkle marring their white marble
au sortir ... Julie after Julie had helped her dress
vêtue wearing
toilette polonaise Polish style costume
au bois in the Bois de Boulogne, large Parisian park
un froid de loup bitter cold
bise *n.f.* north wind
comme si le vent ... visage as if a wind had blown sand in their faces
brasiers *n.m.* charcoal brasiers

quarante-huit

D'ailleurs, ce sont de fort belles épaules, blanches, grasses, provoquantes. Les regards d'un gouvernement ont passé sur elles en leur donnant plus de finesse, comme ces dalles que les pieds de la foule polissent à la longue.

Si j'étais le mari ou l'amant, j'aimerais mieux aller baiser le bouton de cristal du cabinet d'un ministre, usé par la main des solliciteurs, que d'effleurer des lèvres ces épaules sur lesquelles a passé le souffle chaud du tout Paris galant. Lorsqu'on songe aux mille désirs qui ont frissonné autour d'elles, on se demande de quelle argile la nature a dû les pétrir pour qu'elles ne soient pas rongées et émiettées, comme ces nudités de statues, exposées au grand air des jardins, et dont les vents ont mangé les contours.

La marquise a mis sa pudeur autre part. Elle a fait de ses épaules une institution. Et comme elle a combattu pour le gouvernement de son choix! Toujours sur la brèche, partout à la fois, aux Tuileries, chez les ministres, dans les ambassades, chez les simples millionnaires, ramenant les indécis à coups de sourires, étayant le trône de ses seins d'albâtre, montrant dans les jours de danger des petits coins cachés et délicieux, plus persuasifs que des arguments d'orateurs, plus décisifs que des épées de soldats, et menaçant, pour enlever un vote, de rogner ses chemisettes jusqu'à ce que les plus farouches membres de l'opposition se déclarent convaincus!

Toujours les épaules de la marquise sont restées entières et victorieuses. Elles ont porté un monde, sans qu'une ride vint en fêler le marbre blanc.

IV

Cette après-midi, au sortir des mains de Julie, la marquise, vêtue d'une délicieuse toilette polonaise, est allée patiner. Elle patine adorablement.

Il faisait, au bois, un froid de loup, une bise qui piquait le nez et les lèvres de ces dames, comme si le vent leur eût soufflé du sable fin au visage. La marquise riait, cela l'amusait d'avoir froid. Elle allait, de temps à autre, chauffer ses pieds aux brasiers

bords *n.m.* shores
filant . . . le sol flying like a swallow, skimming over the ground
quelle bonne partie what fun!
heureux lucky
dégel *n.m.* thaw
contre-allée des Champs-Elysées street off the *Champs-Elysées*
pauvresse *n.f.* woman begging
malheureuse *n.f.* unfortunate (woman)
fâchée pained
bourse *n.f.* purse
un bouquet . . . louis a bouquet of white lilacs worth at least 100 francs

allumés sur les bords du petit lac. Puis elle rentrait dans l'air glacé, filant comme une hirondelle qui rase le sol.

Ah! quelle bonne partie, et comme c'est heureux que le dégel ne soit pas encore venu! La marquise pourra patiner toute la semaine.

En revenant, la marquise a vu, dans une contre-allée des Champs-Elysées, une pauvresse grelottant au pied d'un arbre, à demi morte de froid.

— La malheureuse! a-t-elle murmuré d'une voix fâchée.

Et comme la voiture filait trop vite, la marquise, ne pouvant trouver sa bourse, a jeté son bouquet à la pauvresse, un bouquet de lilas blancs qui valait bien cinq louis.

QUESTIONNAIRE

I

1. A quelle heure la marquise ouvre-t-elle les yeux?
2. A quelle heure vous levez-vous d'habitude?
3. Décrivez la chambre de la marquise.
4. Pourquoi la marquise est-elle prise d'anxiété?
5. Est-elle triste en apprenant qu'un homme est mort de froid?
6. Pourquoi est-elle contente qu'il gèle plus fort?
7. Que met la marquise lorsqu'elle se lève?
8. Est-ce la marquise ou Zola qui pense aux pauvres?
9. Comment la chambre est-elle chauffée?
10. Comment la marquise montre-t-elle sa joie en apprenant qu'il gèle?

II

1. Qui est Julie?
2. Pourquoi tire-t-elle les rideaux doucement?
3. Neige-t-il quelquefois dans votre ville?
4. Aimez-vous mieux l'hiver ou l'été?
5. A quoi pense la marquise quand elle voit le ciel gris?
6. Pourquoi a-t-elle la tête lourde?
7. Est-elle blonde ou brune?
8. Est-elle d'un naturel joyeux?
9. Les dames portent-elles de grands décolletés aujourd'hui?
10. Qui était empereur des Français pendant le Second Empire?
11. Où la marquise aime-t-elle montrer ses épaules?
12. Que symbolisent ses épaules?

III

1. Depuis combien de temps la marquise montre-t-elle ses épaules?
2. Comment les reconnaît-on?
3. Décrivez les épaules de la marquise.
4. Sont-elles vraiment d'argile?
5. Qu'est-ce qui arrive aux statues exposées au grand air?
6. Est-ce que la marquise s'intéresse à la politique?
7. Dans quelle ville des Etats-Unis y a-t-il beaucoup d'ambassades?
8. Vous intéressez-vous à la politique?
9. Les femmes sont-elles actives dans la politique américaine?
10. Quel monde les épaules de la marquise ont-elles porté?

IV

1. La marquise patine-t-elle bien?
2. Savez-vous patiner? En quelle saison patinez-vous?
3. Quel temps fait-il au bois?
4. Comment la marquise se chauffe-t-elle les pieds?
5. Souffre-t-elle du froid?
6. A quel oiseau Zola compare-t-il la marquise?
7. Quel triste spectacle voit-elle en revenant du bois?
8. La pauvresse pourra-t-elle acheter quelque chose avec les lilas?
9. Que pensez-vous du caractère de la marquise?
10. Comment Zola montre-t-il ses préoccupations humanitaires?

chômage *n.m.* unemployment
Le matin ... In the morning ...
ouvriers *n.m.* workmen
atelier *n.m.* workshop
tristesse de ruine ruin-like sadness
Au fond de ... At the back of ...
muette mute
ses bras ... immobiles its thin arms and motionless wheels
elle met...plus it contributes an additional sadness
dont le souffle et le branle whose breath and movement
animer to enliven
d'ordinaire usually
battement ... géant heartbeat of a giant
rude à la besogne hardworking
patron *n.m.* employer, boss
d'un air triste sadly
commandes *n.f.* orders
contre-ordres *n.m.* cancellations
rester ... bras have goods unsold
menacer de to threaten to, with
Il faut tout suspendre. All work must stop.
se regarder entre eux to look at each other
la peur ... lendemain fear of going home, fear of the next day's hunger
il ajoute ... bas he adds more softly
égoïste selfish
jurer to swear
en huit jours in a week
cinquante mille francs present value, approximately ten thousand dollars
creuser ... davantage to dig the hole deeper
échéances *n.f.* obligations
en ami as a friend
cacher to conceal
huissiers *n.m.* marshals
Nous avons lutté ... bout. We have fought to the end.

cinquante-quatre

LE CHOMAGE

I

Le matin, quand les ouvriers arrivent à l'atelier, ils le trouvent froid, comme noir d'une tristesse de ruine. Au fond de la grande salle, la machine est muette, avec ses bras maigres, ses roues immobiles; et elle met là une mélancolie de plus, elle dont le souffle et le branle animent toute la maison, d'ordinaire, du 5
battement d'un cœur de géant, rude à la besogne.

Le patron descend de son petit cabinet. Il dit d'un air triste aux ouvriers:

— Mes enfants, il n'y a pas de travail aujourd'hui... Les commandes n'arrivent plus; de tous les côtés, je reçois des contre- 10
ordres, je vais rester avec de la marchandise sur les bras. Ce mois de décembre, sur lequel je comptais, ce mois de gros travail, les autres années, menace de ruiner les maisons les plus solides... Il faut tout suspendre.

Et comme il voit les ouvriers se regarder entre eux avec la 15
peur du retour au logis, la peur de la faim du lendemain, il ajoute d'un ton plus bas:

— Je ne suis pas égoïste, non, je vous le jure... Ma situation est aussi terrible, plus terrible peut-être que la vôtre. En huit jours, j'ai perdu cinquante mille francs. J'arrête le travail aujourd'hui, 20
pour ne pas creuser le gouffre davantage; et je n'ai pas le premier sou de mes échéances du 15... Vous voyez, je vous parle en ami, je ne vous cache rien. Demain, peut-être, les huissiers seront ici. Ce n'est pas notre faute, n'est-ce pas? Nous avons lutté jusqu'au

passer   to get over
à terre   down and out
partager   to share
il leur tend la main   he holds out his hand to them
Les ouvriers . . . silencieusement.   The workmen silently shake his hand.
outils *n.m.*   tools
les poings serrés   with clenched fists
dès le jour   by daybreak
les limes . . . rythme   the files sang, the hammers beat time
semble . . . faillite   seems already asleep in the dust of bankruptcy
des larmes . . . yeux   on the verge of tears
Ils font les braves . . .   They put up a bold front . . .
s'en aller   to go away
voûté   stooped
écrasé   crushed
désastre . . . avoue   a greater disaster than he admits
se retirer   to withdraw
étouffant   *suffoquant*
la gorge serrée   with a lump in their throats
dont le squelette . . . ombre   whose skeleton (framework) is sinister in the shadow
sur le pavé   out of a job
battre les trottoirs   to pound the pavements
n'importe quelle besogne   any chore at all
rebutante   repulsive
mortelle   deadly
se refermer   *se fermer de nouveau*
Il travaillerait . . . garder.   Even if he worked for nothing they couldn't keep him.
sonne . . . mansardes   tolls the knell of the attics
lâche   cowardly
tentative *n.f.*   attempt
éreinté de misère   worn out with wretchedness
funèbre   gloomy
boue *n.f.*   mud
averse *n.f.*   downpour

cinquante-six

bout. J'aurais voulu vous aider à passer ce mauvais moment; mais c'est fini, je suis à terre; je n'ai plus de pain à partager.

Alors, il leur tend la main. Les ouvriers la lui serrent silencieusement. Et, pendant quelques minutes, ils restent là, à regarder leurs outils inutiles, les poings serrés. Les autres matins, dès le jour, les limes chantaient, les marteaux marquaient le rythme; et tout cela semble déjà dormir dans la poussière de la faillite. C'est vingt, c'est trente familles qui ne mangeront pas la semaine suivante. Quelques femmes qui travaillaient dans la fabrique ont des larmes au bord des yeux. Les hommes veulent paraître plus fermes. Ils font les braves, ils disent qu'on ne meurt pas de faim dans Paris.

Puis, quand le patron les quitte, et qu'ils le voient s'en aller, voûté en huit jours, écrasé peut-être par un désastre plus grand encore qu'il ne l'avoue, ils se retirent un à un, étouffant dans la salle, la gorge serrée, le froid au cœur, comme s'ils sortaient de la chambre d'un mort. Le mort, c'est le travail, c'est la grande machine muette, dont le squelette est sinistre dans l'ombre.

II

L'ouvrier est dehors, dans la rue, sur le pavé. Il a battu les trottoirs pendant huit jours, sans pouvoir trouver du travail. Il est allé de porte en porte, offrant ses bras, offrant ses mains, s'offrant tout entier à n'importe quelle besogne, à la plus rebutante, à la plus dure, à la plus mortelle. Toutes les portes se sont refermées.

Alors, l'ouvrier a offert de travailler à moitié prix. Les portes ne se sont pas rouvertes. Il travaillerait pour rien qu'on ne pourrait le garder. C'est le chômage, le terrible chômage qui sonne le glas des mansardes. La panique a arrêté toutes les industries, et l'argent, l'argent lâche s'est caché.

Au bout des huit jours, c'est bien fini. L'ouvrier a fait une suprême tentative, et il revient lentement, les mains vides, éreinté de misère. La pluie tombe; ce soir-là, Paris est funèbre dans la boue. Il marche sous l'averse, sans la sentir, n'entendant que sa

n'entendant que sa faim   aware only of his hunger
se pencher sur   to lean over
les eaux . . . bruit   the swollen waters flow with a drawn out sound
des rejaillissements . . . pont   splashes of white foam break up against the piling of the bridge
coulée *n.f.*   swell
en lui jetant . . . furieux   hurling a wild call at him
Le gaz . . . bijoutiers.   The gaslight flares in the jewelers' show windows.
crever   to smash
d'une poignée   with one handful
mousseline *n.f.*   muslin
apercevoir   *voir*
hâter le pas   *se dépêcher*
faubourg   suburb
le long . . . pâtisseries   alongside the roast meat shops, delicatessens and pastry shops
pleurer   to weep
oser   to dare
mentir   to lie
la nuit tombée   nightfall
se demander   to wonder
Lui, essayerait bien . . .   He would try, of course . . .
chétives   sickly
mendier   to beg
son bras . . . serre   his arm stiffens and his throat contracts
se détournent   turn away
le croyant ivre   thinking him drunk
affamé   starving
robe d'indienne   cotton print dress
au logis   *à la maison*
Mont-de-Piété *n.m.*   government pawnshop
vider   to empty
fripier *n.m.*   old clothes dealer
laine *n.f.*   wool
matelas *n.m.*   mattress
il ne reste que la toile   only the canvas case remains

cinquante-huit

faim, s'arrêtant pour arriver moins vite. Il s'est penché sur un
parapet de la Seine; les eaux grossies coulent avec un long bruit;
des rejaillissements d'écume blanche se déchirent à une pile du
pont. Il se penche davantage, la coulée colossale passe sous lui,
en lui jetant un appel furieux. Puis, il se dit que ce serait lâche, 5
et il s'en va.

  La pluie a cessé. Le gaz flamboie aux vitrines des bijoutiers.
S'il crevait une vitre, il prendrait d'une poignée du pain pour des
années. Les cuisines des restaurants s'allument; et, derrière les
rideaux de mousseline blanche, il aperçoit des gens qui mangent. 10
Il hâte le pas, il remonte au faubourg, le long des rôtisseries, des
charcuteries, des pâtisseries, de tout le Paris gourmand qui s'étale
aux heures de la faim.

  Comme la femme et la petite fille pleuraient, le matin, il leur
a promis du pain pour le soir. Il n'a pas osé venir leur dire qu'il 15
avait menti, avant la nuit tombée. Tout en marchant, il se
demande comment il entrera, ce qu'il racontera, pour leur faire
prendre patience. Ils ne peuvent pourtant rester plus longtemps
sans manger. Lui, essayerait bien, mais la femme et la petite sont
trop chétives. 20

  Et, un instant, il a l'idée de mendier. Mais quand une dame
ou un monsieur passent à côté de lui, et qu'il songe à tendre la
main, son bras se raidit, sa gorge se serre. Il reste planté sur le
trottoir, tandis que les gens comme il faut se détournent, le croyant
ivre, à voir son masque farouche d'affamé. 25

III

  La femme de l'ouvrier est descendue sur le seuil de la porte,
laissant en haut la petite endormie. La femme est toute maigre,
avec une robe d'indienne. Elle grelotte dans les souffles glacés
de la rue.

  Elle n'a plus rien au logis; elle a tout porté au Mont-de-Piété. 30
Huit jours sans travail suffisent pour vider la maison. La veille,
elle a vendu chez un fripier la dernière poignée de laine de son
matelas; le matelas s'en est allé ainsi; maintenant, il ne reste que

cinquante-neuf

accrocher   to hang
empêcher de   to prevent from
tousser   to cough
elle a cherché ... côté   she has looked (for work) on her own
frapper   to strike
palier *n.m.*   stair landing
sangloter   to sob
Elle en a rencontré ... trottoir ...   She met one standing (soliciting) on a street corner ...
mortes saisons   slow seasons
dépouiller   to strip
épuiser   to exhaust
elle doit ... fruitière   she owes the baker, the grocer, the fruit dealer
boutiques *n.f.*   shops
emprunter   to borrow
vingt sous   *un franc*
une telle misère   such poverty
se réfugier   to take shelter
de grosses gouttes clapotent   big drops splash
mince   thin
chaussée *n.f.*   roadway
trempée   soaked
essuyer   to dry
patienter   *prendre patience*
secouée ... fièvre   shaken by shudders of fever
Le va-et-vient ... coudoie.   The hustle and bustle of the passersby jostles her.
gêner   to inconvenience
Des hommes ... face ...   Some men look her squarely in the face ...
haleines *n.f.*   breaths
clartés crues   harsh patches of light
roulements de voiture   rumblings of carriages
ruisseau *n.m.*   gutter
filant   slipping along
balbutier   to stammer

soixante

la toile. Elle l'a accrochée devant la fenêtre pour empêcher l'air d'entrer, car la petite tousse beaucoup.

Sans le dire à son mari, elle a cherché de son côté. Mais le chômage a frappé plus rudement les femmes que les hommes. Sur son palier, il y a des malheureuses qu'elle entend sangloter pendant la nuit. Elle en a rencontré une tout debout au coin d'un trottoir; une autre est morte; une autre a disparu.

Elle, heureusement, a un bon homme, un mari qui ne boit pas. Ils seraient à l'aise, si des mortes saisons ne les avaient dépouillés de tout. Elle a épuisé les crédits : elle doit au boulanger, à l'épicier, à la fruitière, et elle n'ose plus même passer devant les boutiques. L'après-midi, elle est allée chez sa sœur pour emprunter vingt sous; mais elle a trouvé, là aussi, une telle misère qu'elle s'est mise à pleurer, sans rien dire, et que toutes deux, sa sœur et elle, ont pleuré longtemps ensemble. Puis, en s'en allant, elle a promis d'apporter un morceau de pain, si son mari rentrait avec quelque chose.

Le mari ne rentre pas. La pluie tombe, mais elle se réfugie sous la porte; de grosses gouttes clapotent à ses pieds, une poussière d'eau pénètre sa mince robe. Par moments, l'impatience la prend, elle sort, malgré l'averse, elle va jusqu'au bout de la rue, pour voir si elle n'aperçoit pas celui qu'elle attend, au loin, sur la chaussée. Et quand elle revient, elle est trempée; elle passe ses mains sur ses cheveux pour les essuyer; elle patiente encore, secouée par de courts frissons de fièvre.

Le va-et-vient des passants la coudoie. Elle se fait toute petite pour ne gêner personne. Des hommes la regardent en face; elle sent, par moments, des haleines chaudes qui lui effleurent le cou. Tout le Paris suspect, la rue avec sa boue, ses clartés crues, ses roulements de voiture, semble vouloir la prendre et la jeter au ruisseau. Elle a faim, elle est à tout le monde. En face, il y a un boulanger, et elle pense à la petite qui dort, en haut.

Puis, quand le mari se montre enfin, filant comme un misérable le long des maisons, elle se précipite, elle le regarde anxieusement.

— Eh bien! balbutie-t-elle.

Lui, ne répond pas, baisse la tête. Alors, elle monte la première, pâle comme une morte.

soixante et un

se réveiller to wake up
on ne sait quoi . . . navrant something vaguely frightful and heartbreaking
gamine *n.f.* enfant, (terme familier)
aux traits . . . faite with the withered serious features of a mature woman
Elle est assise . . . couche. She is sitting on the edge of a trunk that serves as her bed.
Ses pieds nus pendent . . . Her bare feet hang
ses mains . . . couvrent her sickly doll's hands clutch to her chest the rags that cover her
brûlure *n.f.* burn
jouets *n.m.* toys
souliers *n.m.* *chaussures*
Plus petite . . . soleil. When she was smaller, she remembers, her mother would take her into the sunshine.
Il a fallu déménager . . . They had to move . . .
depuis ce temps since then
tâcher de *essayer de*
s'habituer to get used to
qui vous met . . . faim who puts you into the world like this to be hungry
laid ugly
battre *ici:* to flap
meubles écloppés battered furniture
honte *n.f.* shame
grenier *n.m.* *mansarde*
salir to soil
elle croit avoir rêvé she thinks she dreamed
luire to shine
à travers . . . amincies through her thin eyelids
lueur *n.f.* glow
resplendissement d'or golden splendor
courant d'air draught
prise . . . toux seized with a coughing fit
Autrefois . . . Formerly . . .
ça lui est égal she doesn't care
tailler to slice

soixante-deux

IV

En haut, la petite ne dort pas. Elle s'est réveillée, elle songe, en face du bout de chandelle qui agonise sur un coin de la table. Et on ne sait quoi de monstrueux et de navrant passe sur la face de cette gamine de sept ans, aux traits flétris et sérieux de femme faite.

Elle est assise sur le bord du coffre qui lui sert de couche. Ses pieds nus pendent, grelottants; ses mains de poupée maladive ramènent contre sa poitrine les chiffons qui la couvrent. Elle sent là une brûlure, un feu qu'elle voudrait éteindre. Elle songe.

Elle n'a jamais eu de jouets. Elle ne peut aller à l'école parce qu'elle n'a pas de souliers. Plus petite, elle se rappelle que sa mère la menait au soleil. Mais cela est loin. Il a fallu déménager; et, depuis ce temps, il lui semble qu'un grand froid a soufflé dans la maison. Alors, elle n'a plus été contente; toujours elle a eu faim.

C'est une chose profonde dans laquelle elle descend, sans pouvoir la comprendre. Tout le monde a donc faim? Elle a pourtant tâché de s'habituer à cela, et elle n'a pas pu. Elle pense qu'elle est trop petite, qu'il faut être grande pour savoir. Sa mère sait, sans doute, cette chose qu'on cache aux enfants. Si elle osait, elle lui demanderait qui vous met ainsi au monde pour que vous ayez faim.

Puis, c'est si laid, chez eux! Elle regarde la fenêtre où bat la toile du matelas, les murs nus, les meubles écloppés, toute cette honte du grenier que le chômage salit de son désespoir. Dans son ignorance, elle croit avoir rêvé des chambres tièdes avec de beaux objets qui luisaient; elle ferme les yeux pour revoir cela; et, à travers ses paupières amincies, la lueur de la chandelle devient un grand resplendissement d'or dans lequel elle voudrait entrer. Mais le vent souffle, il vient un tel courant d'air par la fenêtre qu'elle est prise d'un accès de toux. Elle a des larmes plein les yeux.

Autrefois, elle avait peur, lorsqu'on la laissait toute seule; maintenant, elle ne sait plus, ça lui est égal. Comme on n'a pas mangé depuis la veille, elle pense que sa mère est descendue chercher du pain. Alors, cette idée l'amuse. Elle taillera son pain en tout petits morceaux; elle les prendra lentement, un à un. Elle jouera avec son pain.

soixante-trois

La petite leur regarde ... deux ... The little girl looks at the hands of both ...
sur un ton chantant in a singsong
s'est pris la tête has taken his head
un coin d'ombre a dark corner
recoucher to put back to bed
hardes *n.f.* articles of clothing
sage *ici:* good
dont le froid ... dents whose teeth chatter from the cold
plus fort *ici:* more painfully
devenir to become
hardie bold
doucement softly
Dis ... *(Dire)* Tell me ...

La mère est rentrée, le père a fermé la porte. La petite leur regarde les mains à tous deux, très surprise. Et, comme ils ne disent rien, au bout d'un bon moment, elle répète sur un ton chantant:
— J'ai faim, j'ai faim.

Le père s'est pris la tête entre les poings, dans un coin d'ombre; il reste là, écrasé, les épaules secouées par de rudes sanglots silencieux. La mère, étouffant ses larmes, est venue recoucher la petite. Elle la couvre avec toutes les hardes du logis, elle lui dit d'être sage, de dormir. Mais l'enfant, dont le froid fait claquer les dents, et qui sent le feu de sa poitrine la brûler plus fort, devient très hardie. Elle se pend au cou de sa mère; puis, doucement:
— Dis, maman, demande-t-elle, pourquoi donc avons-nous faim?

QUESTIONNAIRE

I

1. Quand est-ce que les ouvriers arrivent à l'atelier?
2. Dans quelle partie de la salle se trouve la machine?
3. Quel bruit est-ce qu'on entend d'habitude?
4. Pourquoi le patron est-il triste?
5. Pourquoi faut-il suspendre le travail?
6. De quoi les ouvriers ont-ils peur?
7. Combien d'argent le patron a-t-il perdu?
8. Combien de familles ne mangeront pas la semaine suivante?
9. Pourquoi les femmes ont-elles des larmes au bord des yeux?
10. De quel *mort* Zola parle-t-il?
11. Quel squelette voit-on?

II

1. Où se trouve l'ouvrier?
2. Qu'a-t-il fait pendant huit jours?
3. A-t-il trouvé du travail?

4. A quel prix offre-t-il de travailler?
5. Pourquoi les familles des ouvriers habitent-elles des mansardes?
6. Qu'est-ce qui a arrêté les industries?
7. Dans quel état d'esprit (state of mind) l'ouvrier revient-il après sa suprême tentative?
8. Est-ce que les ouvriers américains ont toujours eu des assurances contre le chômage?
9. Pourquoi l'ouvrier n'a-t-il pas hâte d'arriver chez lui?
10. A quelle tentation résiste-t-il en regardant les eaux grossies de la Seine?
11. A quoi pense-t-il en regardant les vitrines des bijoutiers?
12. Quelle sorte d'éclairage employait-on à cette époque?
13. Qu'aperçoit-il derrière les rideaux des restaurants?
14. Qu'a-t-il promis à sa femme et à sa fille?
15. Est-ce que la femme et la petite sont fortes?
16. A quoi pense-t-il en voyant passer les gens?
17. Pourquoi les gens comme il faut se détournent-ils?

III

1. Pourquoi la femme de l'ouvrier grelotte-t-elle?
2. Pourquoi n'a-t-elle plus rien au logis?
3. Qu'est-ce qu'elle a vendu au fripier?
4. Comment utilise-t-elle la toile du matelas?
5. Comment sait-on que la petite est malade?
6. Qu'est-ce que la femme a fait sans rien dire à son mari?
7. Qu'est-ce qu'elle entend pendant la nuit?
8. Comment est son mari?
9. A qui la femme doit-elle de l'argent?
10. Où est-elle allée cet après-midi-là?
11. Est-ce que sa sœur pouvait lui prêter de l'argent?
12. Qu'a-t-elle promis à sa sœur?
13. Quel temps fait-il ce soir-là?
14. Pourquoi sort-elle par moments?
15. Pourquoi se fait-elle petite?
16. Pourquoi le mari baisse-t-il la tête quand elle lui parle?

soixante-six

IV

1. Quel âge a la petite?
2. Se couche-t-elle dans un lit?
3. Pourquoi ne peut-elle pas aller à l'école?
4. A-t-elle des jouets?
5. Pourquoi s'imagine-t-elle que tout le monde a faim?
6. Pourquoi trouve-t-elle que c'est laid chez eux?
7. Qu'est-ce qu'elle croit avoir rêvé?
8. Fait-il chaud dans le grenier?
9. Depuis quand n'a-t-elle pas mangé?
10. Sait-elle pourquoi sa mère est sortie?
11. Pourquoi regarde-t-elle les mains de ses parents?
12. Comment le père montre-t-il son désespoir?
13. Comment la mère essaie-t-elle de réconforter **(to comfort)** la petite?
14. Pourquoi Zola se sert-il de la petite pour terminer son histoire?

fou *n.m.* madman
brave bourgeois man of independent means
immeubles *n.m.* buildings
habitant occupying
Montmartre hilly district of Paris; once rustic, it is now famous for its night life
premier étage usually the second floor in French buildings, above the *rez-de-chaussée*
grandir to grow up
s'occupant busying himself
oisiveté *n.f.* idleness
badaud et flâneur idler and stroller
locataires *n.m.* tenants
chatte *n.f.* female cat
voluptueuse sensual
s'oublier to forget oneself
orage *n.m.* storm
fortifications *n.f.* ring of forts surrounding Paris in the nineteenth century
A partir . . . jour . . . From that day on . . .
tête-à-tête *n.m.* intimate meetings
aiguiser to whet
plancher *n.m.* flooring
des rages sourdes fits of blind anger
se débarrasser de to get rid of
bonhomme *n.m.* old fellow
méchant malicious, bad
jamais époux . . . pâte never was a deceived husband more obliging
exemplaires ideal
on le citait he was spoken of
justement precisely
amoureux *n.m.* lovers
être aux petits soins to be very considerate
défaut *n.m.* fault
à bout de mensonges out of lies
ne sachant . . . inventer not knowing what excuse to find

soixante-huit

HISTOIRE D'UN FOU

M. Maurin était un brave bourgeois, propriétaire de plusieurs immeubles, habitant à Montmartre le premier étage d'une de ses maisons.

Il avait grandi dans ce vieux logis, s'occupant de son jardin, vivant dans une oisiveté de Parisien badaud et flâneur. A quarante ans, il commit la faute d'épouser la fille d'un de ses locataires, une blonde enfant de dix-huit ans, dont les yeux gris ressemblaient à ceux d'une chatte voluptueuse et cruelle.

Un an après son mariage, Henriette s'oublia dans les bras d'un jeune médecin qui occupait le second étage de la maison. Cela arriva le plus naturellement du monde, un soir d'orage, pendant une petite promenade que Maurin était allé faire aux fortifications. A partir de ce jour, les amants eurent de fréquents tête-à-tête.

Bientôt, ces rendez-vous de quelques heures ne leur suffirent plus, ils rêvèrent de vivre ensemble, maritalement. Leur vie presque commune aiguisait leurs désirs; ils étaient toujours face à face, un simple plancher les séparait, le mari seul était un obstacle sérieux, ce mari que l'amant entendait tousser pendant la nuit, ce qui le mettait dans des rages sourdes.

Il fut décidé entre Henriette et le médecin qu'ils se débarrasseraient du bonhomme. Certes, Maurin n'était pas méchant; jamais époux trompé n'avait été pétri d'une meilleure pâte; il ne voyait rien, n'entendait rien, se montrait d'une douceur et d'une complaisance exemplaires: on le citait dans le quartier comme le modèle des maris. Mais c'était justement cette bonté, cette vie simple et régulière qui irritait les amoureux. Maurin était aux petits soins pour sa femme, n'avait aucun défaut, et restait au logis la journée entière, de façon qu'Henriette se trouvait à bout de mensonges, ne sachant plus qu'inventer pour monter et s'oublier au second étage.

Les amants ... meurtre. The lovers backed down at the idea of murder.
un pareil mouton such a sheep
ils craignaient ... tranché they feared being caught and beheaded
tout aussi radical just as drastic
Il fit la leçon à Henriette ... He briefed Henriette ...
enfoncer to break down
affreux frightful
échevelée disheveled
hurlante howling
rouges de coups red from a beating
Maurin ... hébété ... Maurin stood dazed ...
pressantes urgent
pitié effrayée pity growing out of fright
épouvantés même even frightened
se renouveler to recur
vautrée prostrate
affaissée in collapse
rouer de coups to beat up
effaré bewildered
le bruit se répandit the word got around
digne worthy
des accès de fièvre chaude spells of brain fever
il battait ... plâtre he would beat Henriette violently
se plaindre to complain
un fameux service a great service
Charenton town near Paris, site of a mental hospital
dès lors *à partir de ce temps-là*
commères *n.f.* gossips
crises *n.f.* spells
soucieux worried
il maigrissait *il devenait maigre*
il ne se couchait ... tremblant he would go to bed in fear

soixante-dix

Les amants reculèrent devant un meurtre. Ils ne pouvaient frapper un pareil mouton; puis ils craignaient d'être pris et d'avoir le cou tranché. D'ailleurs, le médecin qui était un garçon d'imagination finit par inventer un expédient moins dangereux et tout aussi radical. Il fit la leçon à Henriette et la sinistre comédie commença.

Une nuit, toute la maison fut réveillée par des cris terribles qui venaient de l'appartement du propriétaire. On enfonça la porte et l'on trouva Henriette dans un état affreux; à genoux sur le tapis, échevelée, hurlante, les épaules rouges de coups. En face d'elle, Maurin se tenait hébété, frissonnant. Il balbutia comme un homme ivre, il ne put répondre aux questions pressantes qu'on lui adressa.

— "Je ne sais pas, je ne sais pas. Je ne lui ai rien fait, elle s'est mise à crier tout d'un coup".

Quand Henriette se fut un peu calmée, elle balbutia à son tour, en regardant son mari d'un air étrange, avec une sorte de pitié effrayée. Les voisins se retirèrent très intrigués, un peu épouvantés même, en déclarant que tout cela n'était pas clair.

De pareilles scènes se renouvelèrent fréquemment. La maison vivait dans des alarmes continuelles. Chaque fois que les cris se faisaient entendre, et qu'on pénétrait dans l'appartement, le même spectacle s'offrait aux regards. Henriette, vautrée par terre, affaissée et frémissante comme une personne qu'on vient de rouer de coups, et Maurin, courant dans la pièce effaré, ne pouvant rien expliquer.

Bientôt, le bruit se répandit dans le quartier que le digne homme avait parfois des accès de fièvre chaude, et qu'alors il battait Henriette comme plâtre. La pauvre petite femme, disait-on, est bien trop douce pour se plaindre, pour accuser ce misérable fou; mais ce serait lui rendre un fameux service que d'envoyer son mari à Charenton. En quelques mois, le bonhomme avait perdu sa réputation de mari modèle.

Maurin fut dès lors surveillé par toutes les commères de Montmartre. Les crises de sa femme le rendaient très soucieux, il maigrissait, il avait perdu son large sourire d'imbécile satisfait. Le soir, il ne se couchait plus qu'en tremblant; il craignait d'être

soixante et onze

se donnait des tapes *se battait*
sans qu'il . . . comprendre without his being able to understand
défait haggard
parût *(paraître)* seemed (to be)
braqués directed
hausser les épaules to shrug
notoire notorious
fou à lier raving mad
tout dépend . . . actes everything depends on how one interprets and judges his actions
à voix basse in a low tone
des faits inouïs incredible (unheard of) facts, happenings
le Panthéon one-time church in the *Quartier latin,* now repository of the hearts of many great Frenchmen
cierge *n.m.* wax candle
limaces *n.f.* slugs
salades *n.f.* *ici:* greens, lettuce
un dossier "écrasant" a damning case history
Les cancans . . . train . . . The gossip went on and on . . .
Ce que c'est que de nous! The things that happen to us!
enfermer to lock up
virent *(voir)* saw
dénoûment *n.m.* conclusion
prévinrent *(prévenir)* notified
averti alerted
en artiste consommée like a finished actress
fiacre *n.m.* cab
sous un prétexte quelconque under some pretext or other

réveillé pendant la nuit par les hurlements d'Henriette. La jeune femme, sautant brusquement du lit, se donnait des tapes sur les épaules, se roulait, s'échevelait, sans qu'il fut encore parvenu à comprendre ce qui la jetait ainsi par terre. Il pensa enfin qu'elle était folle. Il se promit de ne jamais répondre aux questions, de rester muet, sur ce drame intime. Mais sa tranquillité était morte pour toujours; il montra un visage pâle et défait, qui confirma singulièrement les soupçons des voisins.

A partir de ce moment, Maurin ne put faire un geste sans que ce geste ne parût l'action d'un fou. Dès qu'il sortait, les yeux de tout un quartier étaient braqués sur lui, interrogeant chacun de ses pas, donnant des explications étranges à ses moindres attitudes. Si son pied glissait, s'il levait les yeux au ciel, on riait, on haussait les épaules de pitié.

Des gamins le suivaient parfois comme ils auraient suivi une bête curieuse. Au bout d'un mois, il devint notoire dans Montmartre que le bonhomme Maurin était fou, mais fou à lier. Rien ne ressemble plus à un fou qu'un homme sain d'esprit; tout dépend de la façon dont on regarde et dont on juge ses actes.

On racontait à voix basse des faits inouïs. Une femme disait avoir rencontré Maurin sans chapeau sur la place du Panthéon, par un jour de pluie. C'était vrai: le chapeau du bonhomme avait été emporté par un coup de vent. Une autre femme déclarait que Maurin se promenait chaque nuit dans son jardin avec un cierge à la main. Cela parut très effrayant. La vérité était que cette femme avait vu une seule fois Maurin cherchant avec une lanterne les limaces qui mangeaient ses salades. Peu à peu, on collectionna les traits de folie du pauvre diable, on lui composa un dossier "écrasant". Les cancans allaient leur train: "Un si brave homme, si doux, si bon!... Quel malheur!... Ce que c'est que de nous!... Il faudra pourtant qu'on finisse par l'enfermer".

Lorsque Henriette et son amant virent que la comédie avait réussi, et qu'il était temps de lui donner un dénoûment, ils prévinrent le commissaire de police, lequel d'ailleurs était averti depuis longtemps par la rumeur publique. Un beau jour, à la suite d'une scène épouvantable qu'Henriette avait jouée en artiste consommée, Maurin fut mis dans un fiacre, sous un prétexte quelconque, et conduit à Charenton.

soixante-treize

ce dont il s'agissait what it was all about
se débattre to struggle
d'un coup de dent with a bite
pouce *n.m.* thumb
camisole de force *n.f.* strait-jacket
parquer to place
Le jeune médecin s'était arrangé . . . The young doctor had fixed it
cabanon *n.m.* *ici:* padded cell
prétendre to maintain
chez lui *ici:* in his case
d'une telle étrangeté of such a strange nature
ses confrères . . . nouveau his fellow doctors thought they were faced with a new type of case
au besoin if need be
s'envoler to fly away
jouir to enjoy
lune de miel *n.f.* honeymoon
se lasser *se fatiguer*
Il lui vint des remords . . . She felt remorse . . .
baisers *n.m.* kisses
elle se mit à *elle commença à*
se sauver to run away
avouer *confesser*
le temps . . . reconnaître the time the doctors took to find out
au plus at the most
blafard haggard
creux hollow
se balancer to rock back and forth
à plat ventre face down
en poussant uttering
Celle-ci . . . peur . . . The latter, swooning, her teeth chattering with fear . . .
dont . . . brute out of whom she had made such an animal

soixante-quatorze

Là, quand il comprit ce dont il s'agissait, il se débattit et entra dans une telle rage que d'un coup de dent il coupa le pouce à un gardien. On lui mit la camisole de force, on le parqua avec les fous furieux. Le jeune médecin s'était arrangé de façon à ce que le malheureux habitât son cabanon le plus longtemps possible. Il prétendit avoir suivi la maladie de Maurin et avoir observé chez lui des phénomènes d'une telle étrangeté que ses confrères se crurent en face d'un cas nouveau. D'ailleurs, tout Montmartre était là pour mentir au besoin.

Dès que les amants furent libres, ils s'envolèrent et allèrent jouir plus loin de leur lune de miel.

Le dénoûment de cette histoire fut tout aussi singulier. Au bout d'une année, Henriette se lassa du jeune médecin. Il lui vint des remords, souvent, entre deux baisers, elle pensait, malgré elle, à ce misérable qui hurlait dans un cabanon. Par un étrange caprice de femme, elle se mit à aimer son mari, maintenant qu'il n'était plus là. Elle se sauva de chez son amant et courut à Charenton, décidée à tout avouer.

Ce qui l'avait souvent étonnée, c'était le temps que les médecins mettaient à reconnaître que Maurin n'était pas fou. Elle avait compté sur un ou deux mois de liberté au plus. Quand elle fut arrivée et qu'on l'eut conduite devant le cabanon de son mari, elle vit devant elle une sorte de cadavre, maigre, blafard, qui la regarda avec des yeux creux, pleins d'un effarement sinistre. Elle frissonna elle appela ce malheureux par son nom.

Maurin ne la reconnut pas. Il se balança avec un rire d'idiot. Brusquement, il se mit à sangloter, en s'écriant:

— "Je ne sais pas, je ne sais pas... Je ne lui ai rien fait".

Puis il se jeta à plat ventre, comme Henriette se jetait autrefois sur le tapis, et il se donna des tapes sur les épaules, il se vautra, en poussant des cris perçants:

— "Il recommence ce jeu-là dix fois par jour, dit le gardien qui accompagnait la jeune femme.

Celle-ci, défaillante, les dents claquant de peur, se cacha les yeux pour ne plus voir le misérable dont elle avait fait une telle brute.

Maurin était devenu réellement fou.

soixante-quinze

QUESTIONNAIRE

1. A quelle catégorie sociale Maurin appartient-il (belong)?
2. Expliquez la différence entre *propriétaire* et *locataire.*
3. A quel âge Maurin se marie-t-il?
4. Quel âge a Henriette?
5. Quel détail physique révèle le caractère d'Henriette?
6. Qu'est-ce que le médecin entend, pendant la nuit?
7. Pourquoi n'admire-t-il pas Maurin?
8. Maurin sait-il que sa femme aime un autre homme?
9. Comment savons-nous que Maurin aime sa femme?
10. Quel est le rêve des amoureux?
11. Pourquoi les amants ont-ils peur de tuer Maurin?
12. Qu'est-ce qui réveille les locataires?
13. Comment ouvre-t-on la porte du propriétaire?
14. Dans quel état trouve-t-on Henriette une nuit?
15. Pourquoi regarde-t-elle son mari d'un air étrange?
16. Quel bruit se répand dans le quartier?
17. Pourquoi Maurin perd-il sa réputation de mari modèle?
18. Quels changements remarque-t-on dans son apparence?
19. Pourquoi reste-t-il muet sur ses problèmes?
20. Qu'est-ce que les voisins commencent à penser de lui?
21. Quels faits inouïs raconte-t-on dans le quartier?
22. Pourquoi était-il sans chapeau par un jour de pluie?
23. Que faisait-il dans son jardin la nuit?
24. Quel dénoûment donne-t-on à la comédie?
25. Pourquoi met-on une camisole de force à Maurin?
26. Pourquoi les docteurs se croient-ils en face d'un cas nouveau?
27. Comment les amants profitent-ils de leur liberté?
28. Pendant combien de temps Henriette reste-t-elle avec le jeune médecin?
29. Pourquoi se sauve-t-elle un jour?
30. Dans quel état trouve-t-elle Maurin?
31. Décrivez le jeu singulier de Maurin.
32. Décrivez l'apparence de Maurin.
33. Comment cette **histoire** illustre-t-elle la technique naturaliste?

Baudelaire

soixante-dix-sept

BAUDELAIRE

Né . . . *(naître)* Born . . .
traducteur *n.m.* translator
paraître *ici:* to appear in print
recueil *n.m.* collection
génial possessing genius
lui vaut . . . correctionnelle involves him in a lawsuit in the criminal courts
faire pendant à to be the counterpart of
Les Salons *ici:* "The Art Galleries," annual exhibitions
peinture *n.f.* painting
peintre *n.m.* painter
se consacrer à to devote oneself to
génie *n.m.* genius

Charles Baudelaire
1821-1867

Né à Paris, Charles Baudelaire est un poète, un critique d'art et un traducteur célèbre. En 1857 paraît le recueil de poèmes extraordinaire qu'il appelle *Les Fleurs du Mal*. Mais les contemporains de ce poète génial n'apprécient pas ses vers, et le livre lui vaut un procès en justice correctionnelle. Dans cet ouvrage dont le ton moderne étonne, le poète ne cesse de nous surprendre par ses analyses subtiles des sensations, par son obsession de la mort, et par sa préoccupation du côté morbide de l'amour et de la vie. Les *Petits Poèmes en prose*, autrement intitulés *Le Spleen de Paris*, font pendants aux *Fleurs du Mal*.

Dans *Les Salons*, articles critiques sur la peinture, Baudelaire se fait défenseur du peintre français Eugène Delacroix (1798-1863), moderniste lui aussi, et peu apprécié par le public du dix-neuvième siècle.

Un des premiers Européens à comprendre le talent du poète américain, Edgar Allen Poe, Baudelaire se consacre, pendant des années, à traduire en français les poèmes et les contes fantastiques de cet écrivain remarquable.

L'influence de Baudelaire sur la poésie moderne a été immense.

séjour *n.m.* abode
âme *n.f.* soul
luttes *n.f.* struggles
ampleur *n.f.* breadth
scintillement *n.m.* glittering
phares *n.m.* beacons
merveilleusement remarkably
propre apt, appropriate
lasser *fatiguer*
élancées tall
navires *n.m.* ships
gréement *n.m.* rigging
houle *n.f.* swell or surge of the sea
imprime *ici:* imparts
servent à entretenir serve to maintain
goût *n.m.* taste
qui n'a plus . . . ambition who no longer has either curiosity or ambition
belvédère *n.m.* observation tower
accoudé leaning on one's elbows
môle *n.m.* pier, dock
la force de vouloir strength to desire (something)
s'enrichir to get rich

PETITS POEMES EN PROSE

LE PORT

Un port est un séjour charmant pour une âme fatiguée des luttes de la vie. L'ampleur du ciel, l'architecture mobile des nuages, les colorations changeantes de la mer, le scintillement des phares, sont un prisme merveilleusement propre à amuser les yeux sans jamais les lasser. Les formes élancées des navires, au gréement 5
compliqué, auxquels la houle imprime des oscillations harmonieuses, servent à entretenir dans l'âme le goût du rhythme et de la beauté. Et puis, surtout, il y a une sorte de plaisir mystérieux et aristocratique pour celui qui n'a plus ni curiosité ni ambition, à contempler, couché dans le belvédère ou accoudé sur le môle, tous 10
ces mouvements de ceux qui partent et de ceux qui reviennent, de ceux qui ont encore la force de vouloir, le désir de voyager ou de s'enrichir.

QUESTIONNAIRE

1. Pourquoi Baudelaire aime-t-il les ports?
2. Pourquoi l'architecture des nuages est-elle mobile?
3. L'architecture de votre école est-elle mobile ou immobile?
4. Demeurez-vous près de la mer?
5. Y a-t-il un port dans votre ville?
6. A quoi Baudelaire compare-t-il le scintillement des phares?
7. Pourquoi les navires ont-ils des oscillations?
8. Qu'est-ce que le poète aime contempler?
9. Avez-vous déjà fait des voyages?
10. Désirez-vous vous enrichir?

quatre-vingt-un

épouvantable frightful, ugly
glace *n.f.* *miroir*
puisque . . . déplaisir since you can only see yourself in it with distaste
d'après *selon*
89 1789; *année de la Déclaration des Droits de l'homme; le commencement de la Révolution française*
égaux equal
donc therefore
posséder to possess
se mirer to look at oneself
ne regarde que concerns only
le bon sens common sense
loi *n.f.* law

LE MIROIR

Un homme épouvantable entre et se regarde dans la glace.
« — Pourquoi vous regardez-vous au miroir, puisque vous ne pouvez vous y voir qu'avec déplaisir?»
L'homme épouvantable me répond: « — Monsieur, d'après les immortels principes de 89, tous les hommes sont égaux en droits; donc je possède le droit de me mirer; avec plaisir ou déplaisir, cela ne regarde que ma conscience. »
Au nom du bon sens, j'avais sans doute raison; mais, au point de vue de la loi, il n'avait pas tort.

QUESTIONNAIRE

1. L'homme qui entre est-il beau?
2. Vous regardez-vous souvent dans la glace?
3. Est-ce que vous vous y voyez avec plaisir ou avec déplaisir?
4. Devant la loi les Américains sont-ils égaux en droits?
5. Qui était roi de France en 1789?
6. Comment s'appelait la reine de France au moment de la Révolution?
7. Comment le roi et la reine sont-ils morts?
8. L'homme épouvantable avait-il raison ou tort de se regarder dans la glace?
9. Y a-t-il des gens que vous voyez avec déplaisir?
10. Dans quel document historique trouve-t-on les droits du citoyen américain?

quatre-vingt-trois

s'enivrer to become intoxicated
ivre intoxicated
sentir to feel
fardeau *n.m.* burden
Temps *n.m.* Time
briser to break
pencher to bow toward
sans trêve ceaselessly, relentlessly
vin *n.m.* wine
vertu *n.f.* virtue
à votre guise as you like
marches *n.f.* steps
fossé *n.m.* ditch
morne dreary
diminuée lessened
vague *n.f.* wave
étoile *n.f.* star
horloge *n.f.* clock
fuir to flee
gémir to moan
rouler to roll
esclaves *n.m.* slaves
sans cesse *sans trêve*

ENIVREZ-VOUS

Il faut être toujours ivre. Tout est là: c'est l'unique question. Pour ne pas sentir l'horrible fardeau du Temps qui brise vos épaules et vous penche vers la terre, il faut vous enivrer sans trêve. Mais de quoi? De vin, de poésie ou de vertu, à votre guise. Mais enivrez-vous.
Et si quelquefois, sur les marches d'un palais, sur l'herbe verte d'un fossé, dans la solitude morne de votre chambre, vous vous réveillez, l'ivresse déjà diminuée ou disparue, demandez au vent, à la vague, à l'étoile, à l'oiseau, à l'horloge, à tout ce qui fuit, à tout ce qui gémit, à tout ce qui roule, à tout ce qui chante, à tout ce qui parle, demandez quelle heure il est; et le vent, la vague, l'étoile, l'oiseau, l'horloge, vous répondront: « Il est l'heure de s'enivrer! Pour n'être pas les esclaves martyrisés du Temps, enivrez-vous; enivrez-vous sans cesse! De vin, de poésie ou de vertu, à votre guise. »

QUESTIONNAIRE

1. Pourquoi Baudelaire veut-il être ivre?
2. Sentez-vous le fardeau du Temps?
3. Est-il possible de s'enivrer de poésie? De vertu?
4. Y a-t-il des palais aux Etats-Unis?
5. A quelle heure vous réveillez-vous d'habitude?
6. Où voit-on des vagues?
7. Y a-t-il une horloge dans votre salle de classe? Chez-vous?
8. Est-il important de savoir l'heure?
9. Sommes-nous les esclaves du Temps?
10. Quel président américain a libéré les esclaves?

Celui . . . dehors . . . He who looks from outside . . .
à travers through
autant as many
Il n'est pas d'objet . . . There isn't anything . . .
fécond *riche de possibilités*
ténébreux dark
éblouissant dazzling
éclairée lit
chandelle *n.f.* candle
se passer to occur
vitre *n.f.* window pane
trou *n.m.* hole
vit *(vivre)* lives
vie *n.f.* life
rêver to dream
souffrir to suffer
Par delà . . . Beyond . . .
toits *n.m.* roofs
apercevoir *voir*
mûre middle-aged
ridée wrinkled
penchée bent over
visage *n.m.* face
vêtement *n.m.* clothes
refaire to reconstruct
plutôt rather
je me la raconte . . . pleurant I tell it to myself as I weep
Si c'eût été . . . If it had been . . .
la sienne his (story)
aisément *facilement*
fier proud
souffert *(souffrir)* suffered
dans d'autres que moi-même through others
soit la vraie is the true one
Qu'importe . . . What is the difference
hors de moi outside of myself
à sentir . . . suis to feel that I am and what I am

quatre-vingt-six

LES FENETRES

Celui qui regarde du dehors à travers une fenêtre ouverte, ne voit jamais autant de choses que celui qui regarde une fenêtre fermée. Il n'est pas d'objet plus profond, plus mystérieux, plus fécond, plus ténébreux, plus éblouissant qu'une fenêtre éclairée d'une chandelle. Ce qu'on peut voir au soleil est toujours moins 5 intéressant que ce qui se passe derrière une vitre. Dans ce trou noir ou lumineux vit la vie, rêve la vie, souffre la vie.

Par delà des vagues de toits, j'aperçois une femme mûre, ridée déjà, pauvre, toujours penchée sur quelque chose, et qui ne sort jamais. Avec son visage, avec son vêtement, avec son geste, avec 10 presque rien, j'ai refait l'histoire de cette femme, ou plutôt sa légende, et quelquefois je me la raconte à moi-même en pleurant.

Si c'eût été un pauvre vieux homme, j'aurais refait la sienne tout aussi aisément.

Et je me couche, fier d'avoir vécu et souffert dans d'autres 15 que moi-même.

Peut-être me direz-vous: « Es-tu sûr que cette légende soit la vraie? » Qu'importe ce que peut être la réalité placée hors de moi, si elle m'a aidé à vivre, à sentir que je suis et ce que je suis?

QUESTIONNAIRE

1. Citez deux ou trois choses que vous voyez à travers votre fenêtre?
2. Baudelaire s'intéresse-t-il aux fenêtres ouvertes?
3. Voyez-vous souvent des fenêtres éclairées de chandelles?
4. En quoi une vitre est-elle faite?
5. Pourquoi le poète s'intéresse-t-il à ce qui se passe derrière une fenêtre?
6. Décrivez la femme que Baudelaire aperçoit.
7. Pourquoi dit-il qu'il refait la *légende* de cette femme?
8. Pourquoi est-il fier quand il se couche?
9. Baudelaire attache-t-il de l'importance à la réalité extérieure?

quatre-vingt-sept

que le désir déchire who is torn by desire
celle qui m'est apparue she who has appeared to me
emporté carried away
Comme . . . disparu! How long it has been since she disappeared!
surprenante *étonnante*
antres *n.m.* *cavernes*
éclair *n.m.* lightening
ténèbres *n.f.* darkness
astre *n.m.* star, luminary
versant pouring out
plus volontiers more readily
redoutable fearful
idylles *n.f.* *poèmes*
mariée *n.f.* bride
suspendue au fond hanging in the depths
bousculée buffeted
nuées *n.f.* *nuages*
arrachée torn from
vaincue et révoltée conquered and rebellious
Sorcières thessaliennes witches of Thessaly (Greece)
contraignent *(contraindre)* force
durement harshly
l'herbe terrifiée the terrified grass
front *n.m.* brow
la volonté tenace stubborn will
proie *n.f.* prey, victim
au bas in the lower part
inquiétant disturbing
narines *n.f.* nostrils
aspirer to inhale
inconnu *n.m.* the unknown
éclater to burst forth
rire *n.m.* laughter
superbe haughty
éclose blossoming

LE DESIR DE PEINDRE

Malheureux peut-être l'homme, mais heureux l'artiste que le désir déchire!

Je brûle de peindre celle qui m'est apparue si rarement et qui a fui si vite, comme une belle chose regrettable derrière le voyageur emporté dans la nuit. Comme il y a longtemps déjà qu'elle a disparu!

Elle est belle, et plus que belle; elle est surprenante. En elle le noir abonde: et tout ce qu'elle inspire est nocturne et profond. Ses yeux sont deux antres où scintille vaguement le mystère, et son regard illumine comme l'éclair: c'est une explosion dans les ténèbres.

Je la comparerais à un soleil noir, si l'on pouvait concevoir un astre noir versant la lumière et le bonheur. Mais elle fait plus volontiers penser à la lune, qui sans doute l'a marquée de sa redoutable influence; non pas la lune blanche des idylles, qui ressemble à une froide mariée, mais la lune sinistre et enivrante, suspendue au fond d'une nuit orageuse et bousculée par les nuées qui courent; non pas la lune paisible et discrète visitant le sommeil des hommes purs, mais la lune arrachée du ciel, vaincue et révoltée, que les Sorcières thessaliennes contraignent durement à danser sur l'herbe terrifiée!

Dans son petit front habitent la volonté tenace et l'amour de la proie. Cependant, au bas de ce visage inquiétant, où des narines mobiles aspirent l'inconnu et l'impossible, éclate, avec une grâce inexprimable, le rire d'une grande bouche, rouge et blanche, et délicieuse, qui fait rêver au miracle d'une superbe fleur éclose dans un terrain volcanique.

Il y a des femmes qui inspirent l'envie de les vaincre et de jouir d'elles; mais celle-ci donne le désir de mourir lentement sous son regard.

quatre-vingt-neuf

QUESTIONNAIRE

1. Pourquoi un artiste que le désir déchire est-il heureux?
2. Décrivez cette femme idéale.
3. A votre avis est-elle blonde ou brune? Expliquez.
4. Pourquoi cette femme n'est-elle pas comparable au soleil?
5. A quoi fait-elle penser plutôt?
6. De combien de lunes Baudelaire parle-t-il?
7. Quelle indication donne-t-il de la puissance (la force) des Sorcières thessaliennes?
8. Dans quelle partie du visage se trouvent les narines? De quel organe font-elles partie?
9. Pourquoi la bouche de cette femme est-elle rouge et blanche?
10. Y a-t-il des volcans sur le continent américain?
11. Quelle envie cette femme inspire-t-elle?

Alphonse de Lamartine

Alfred de Musset

Gerald de Nerval

POEMES

Paul Verlaine

Charles Baudelaire

Sully Prudhomme

quatre-vingt-onze

apogée *n.f.*   high point, peak
chute *n.f.*   fall
soliciter   to seek, solicit
vainement   vainly
présidence *n.f.*   presidency
échec *n.m.*   failure, defeat
rentrer   to return
péniblement   painfully, with difficulty
pauvreté *n.f.*   poverty
rouvrir   *ouvrir de nouveau*
à son choix   at will
attachant   interesting, absorbing
ne s'y lit pas   cannot be read in it
feuillet *n.m.*   *page*
de lui-même   by itself
doigts *n.m.*   fingers
papillon *n.m.*   butterfly
aile *n.f.*   wing
zéphyr *n.m.*   light breeze
nager   to swim
sein *n.m.*   breast
à peine écloses   scarcely open
poudre *n.f.*   powder
S'envoler . . .   To take flight . . .
voûtes *n.f.*   vaults
se poser   *s'immobiliser*
volupté *n.f.*   bliss

Lamartine, Musset et Nerval sont des poètes représentatifs du romantisme, ce complexe mouvement littéraire qui arrive à son apogée entre 1830 et 1840.

L'oeuvre d'ALPHONSE DE LAMARTINE (*1790-1869*), homme politique ainsi que poète, se partage entre le lyrisme personnel des *Méditations poétiques* (1820), dont le morceau le plus célèbre est *Le Lac,* et les préoccupations religieuses, philosophiques et humanitaires de *Jocelyn* (1836) et de la *Chute d'un ange* (1838).

Un des fondateurs de la république libérale de 1848, Lamartine en solicite vainement la présidence. Après son échec politique il rentre dans la vie privée et vit péniblement de sa plume. Il est mort dans la pauvreté.

Vers sur un Album

Le livre de la vie est le livre suprême
Qu'on ne peut ni fermer ni rouvrir à son choix;
Le passage attachant ne s'y lit pas deux fois,
Mais le feuillet fatal se tourne de lui-même:
On voudrait revenir à la page où l'on aime,
Et la page où l'on meurt est déjà sous nos doigts!

Le Papillon

Naître avec le printemps, mourir avec les roses;
Sur l'aile du zéphyr nager dans un ciel pur;
Balancé sur le sein des fleurs à peine écloses,
S'enivrer de parfums, de lumière et d'azur;
Secouant, jeune encore, la poudre de ses ailes,
S'envoler comme un souffle aux voûtes éternelles:
Voilà du papillon le destin enchanté.
Il ressemble au désir, qui jamais ne se pose,
Et sans se satisfaire effleurant toute chose,
Retourne enfin au ciel chercher la volupté.

Dandy ... *n.m.* Sophisticate and individualist ...
prosateur *n.m.* prose writer
puiser to draw from
désespoir *n.m.* despair
à l'origine de at the basis of
«mal du siècle» *n.m.* melancholy cynicism associated with Musset and certain other writers of the Romantic school
servir de to serve as
chevalier *n.m.* knight
guerre *n.f.* war
voyez-vous pas *ne voyez-vous pas*
nuit *n.f.* night
le monde n'est que souci the world is but care, worry
une amour ... pensée a love abandoned by one's thought
s'enfuir to flee, vanish
chercheurs *n.m.* seekers
renommée *n.f.* fame
fumée *n.f.* *ici:* passing glory
J'en vais pleurer ... *Je m'en vais pleurer ...*
se laisser dire to let oneself be persuaded
sourire *n.m.* smile

Dandy et poète de l'amour par excellence, ALFRED DE MUSSET (*1810-1857*) est remarquable aussi comme auteur dramatique et prosateur.

Puisant dans sa propre expérience sentimentale, Musset exalte dans ses oeuvres le désespoir, la souffrance et le nihilisme, éléments qui sont à l'origine du «mal du siècle» romantique. *Rolla* (1833) et les *Nuits* (1835-1836) exemplifient les divers aspects de son oeuvre poétique; *La Confession d'un enfant du siècle* (1836), ouvrage autobiographique, en prose, nous sert aujourd'hui de document psychologique sur le romantisme. *Barberine* (1835), *Le Chandelier* (1835) et *Il ne faut jurer de rien* (1836) sont quelques-unes des charmantes comédies d'Alfred de Musset. Son drame historique, *Lorenzaccio* (1834) n'a jamais perdu sa popularité.

Chanson de Barberine

Beau chevalier qui partez pour la guerre,
    Qu'allez-vous faire
    Si loin d'ici?
Voyez-vous pas que la nuit est profonde,
    Et que le monde
    N'est que souci?
Vous qui croyez qu'une amour délaissée
    De la pensée
    S'enfuit ainsi,
Hélas! hélas! chercheurs de renommée,
    Votre fumée
    S'envole aussi.
Beau chevalier qui partez pour la guerre,
    Qu'allez-vous faire
    Si loin de nous?
J'en vais pleurer, moi qui me laissais dire
    Que mon sourire
    Etait si doux.

se faire connaître to become known
Recueil . . . *n.m.* *Collection* . . .
maladif unhealthy
se refléter to be reflected
se mêler à to mingle with
une grille de fer an iron gate
les bois *n.m.* the woods
oiseau *n.m.* bird
chanter to sing
ouïr *entendre*
oiselle *n.f.* female bird
n'aime qu'une fois loves but once
Qu'il est doux . . . How sweet it is . . .
paisible peaceful
fidèle faithful
nid *n.m.* nest
brumeuse misty
se taire to be silent
Hélas! Alas!
qu'elle doit être heureuse how happy it must be

Admirateur de la littérature allemande, GERARD DE NERVAL (*1808-1855*) se fait connaître, dès 1828, par une traduction du *Faust* de Goethe, et par un *Recueil de poésies allemandes* (1830).

A partir de 1841 Nerval est sujet à des accès de folie, et l'état maladif de son esprit se reflète dans des ouvrages curieux tels que *Les Filles du feu* (1853), *Les Chimères* (1853), sonnets énigmatiques, et *Aurélia* (1854). Dans ces écrits, où l'illusion se mêle à la réalité, Nerval apparaît comme précurseur des surréalistes modernes.

La mort de Nerval fut aussi bizarre que son oeuvre. On le trouva pendu à une grille de fer dans une vieille rue de Paris.

Dans les Bois

Au printemps, l'oiseau naît et chante :
N'avez-vous jamais ouï sa voix ?...
Elle est pure, simple et touchante
La voix de l'oiseau — dans les bois !

L'été, l'oiseau cherche l'oiselle ;
Il aime, et n'aime qu'une fois !
Qu'il est doux, paisible et fidèle
Le nid de l'oiseau — dans les bois !

Puis, quand vient l'automne brumeuse
Il se tait... avant les temps froids.
Hélas ! qu'elle doit être heureuse
La mort de l'oiseau — dans les bois !

tabous *n.m.* forbidden things
lutte *n.f.* struggle
reculer *ici:* to extend
entourer to surround
souvenir *n.m.* memory
Adepte . . . *n.m.* Partisan . . .
verbe *n.m.* *ici:* word
éviter to avoid
soigneusement *avec soin*
prosaïque prose-like, dull
créer to create
saturnien of Saturn or its cult
donner le ton set the fashion
suggestives *provocatives*
sagesse *n.f.* wisdom
par-dessus above
toit *n.m.* roof
bercer to rock
cloche *n.f.* bell
tinter to tinkle
plainte *n.f.* lament
Mon Dieu! Heavens!
rumeur *n.f.* *bruit*
ô toi que voilà oh you there
Dis . . . Tell me . . .
jeunesse *n.f.* youth

La révolte personnelle de PAUL VERLAINE (*1844-1896*) et de CHARLES BAUDELAIRE (voir la notice sur ce poète qui précède les *Petits Poèmes en prose*) contre les tabous de la société, ainsi que leur lutte pour reculer les frontières de l'expérience poétique, sont des facteurs aidant à expliquer l'aura moderne qui ne cesse d'entourer le souvenir et l'oeuvre de ces deux écrivains.

Dans son *Art poétique* (1874) Verlaine dénonce les qualités logiques et littéraires, «l'éloquence», comme incompatibles avec les vers. Adepte de la poésie pure, comme Baudelaire, cet impressioniste du verbe évite soigneusement la précision prosaïque, et crée des chefs-d'oeuvre de lyrisme musical tels que les *Poèmes saturniens* (1866), les *Romances sans paroles* (1874) et *Sagesse* (1881).

Les poètes symbolistes, qui donneront le ton à la littérature vers la fin du dix-neuvième siècle, trouveront une inspiration considérable dans les sonorités suggestives de Verlaine.

Sagesse

Le ciel est, par-dessus le toit,
    Si bleu, si calme!
Un arbre, par-dessus le toit,
    Berce sa palme.

La cloche dans le ciel qu'on voit
    Doucement tinte.
Un oiseau sur l'arbre qu'on voit
    Chante sa plainte.

Mon Dieu, mon Dieu, la vie est là,
    Simple et tranquille.
Cette paisible rumeur-là
    Vient de la ville.

— Qu'as-tu fait, ô toi que voilà
    Pleurant sans cesse,
Dis, qu'as-tu fait, toi que voilà,
    De ta jeunesse?

BAUDELAIRE

à loisir   at leisure
mouillés   *humides*
brouillés   murky
traîtres   treacherous
Brillant . . . Shining . . .
tout . . . ordre   all is but orderliness
luisants   shining
polis   polished
mêlant   mingling
senteurs *n.f.*   *parfums*
ambre *n.m.*   ambergris
plafonds *n.m.*   ceilings

cent

L'Invitation au Voyage

Mon enfant, ma sœur,
Songe à la douceur
D'aller là-bas vivre ensemble !
Aimer à loisir,
Aimer et mourir
Au pays qui te ressemble !
Les soleils mouillés
De ces ciels brouillés
Pour mon esprit ont les charmes
Si mystérieux
De tes traîtres yeux,
Brillant à travers leurs larmes.

Là, tout n'est qu'ordre et beauté,
Luxe, calme et volupté.

Des meubles luisants,
Polis par les ans,
Décoreraient notre chambre ;
Les plus rares fleurs
Mêlant leurs odeurs
Aux vagues senteurs de l'ambre,
Les riches plafonds,
Les miroirs profonds,

natale native
canaux *n.m.* canals
dont . . . vagabonde whose mood is errant, desiring to wander
assouvir *satisfaire*
moindre slightest
bout *n.m.* end
Les soleils couchants . . . The setting suns . . .
revêtir to adorn

La splendeur orientale,
    Tout y parlerait
    A l'âme en secret
Sa douce langue natale.

Là, tout n'est qu'ordre et beauté,
Luxe, calme et volupté.

    Vois sur ces canaux
    Dormir ces vaisseaux
Dont l'humeur est vagabonde;
    C'est pour assouvir
    Ton moindre désir

Qu'ils viennent du bout du monde.
    — Les soleils couchants
    Revêtent les champs,
    Les canaux, la ville entière,
    D'hyacinthe et d'or;
    Le monde s'endort
Dans une chaude lumière.

Là, tout n'est qu'ordre et beauté.
Luxe, calme et volupté.

Ingénieur ... *n.m.* Engineer ...
parnassien *du Parnasse, école littéraire fondée vers 1870. Le Parnasse, mont de la Grèce, était consacré aux muses.*
symbolisme *n.m. mouvement littéraire impressionniste organisé vers 1886*
viser à to aim at
isolement *n.m.* isolation
angoisse *n.f.* anguish, anxiety
leitmotive *n.m. thèmes principaux*
stance *n.f.* stanza
habitude *n.f.* habit
étrangère *n.f.* outsider
ménagère *n.f.* housekeeper
s'installer to settle
s'occuper de to be concerned with
Car ... For ...
soins *n.m.* attentions
conduire to lead
qu'il eût choisi that he would have chosen
but *n.m.* goal
sans qu'il le nomme without his naming it
tout bas softly
'Par Ici.' 'This Way.'
sûr *certain*
pareil *similaire*
lèvres *n.f.* lips

cent quatre

Ingénieur avant d'être poète, SULLY PRUDHOMME (*1839-1907*) était membre du groupe parnassien. Ces prédécesseurs du symbolisme, loin de cultiver une poésie impressionniste, visaient à l'exactitude précise dans la peinture de la réalité.

Sully Prudhomme, philosophe et analyste subtil des sentiments, explore dans ses vers les problèmes de l'isolement et de l'angoisse humains, thèmes qui sont devenus aujourd'hui des leitmotive de la littérature. Les recueils les plus importants de Sully Prudhomme sont les *Stances* (1865), les *Solitudes* (1869), et les *Vaines Tendresses* (1875).

L'Habitude

L'habitude est une étrangère
Qui supplante en nous la raison.
C'est une ancienne ménagère
Qui s'installe dans la maison.

Elle est discrète, humble, fidèle,
Familière avec tous les coins;
On ne s'occupe jamais d'elle,
Car elle a d'invisibles soins:

Elle conduit les pieds de l'homme,
Sait le chemin qu'il eût choisi,
Connaît son but sans qu'il le nomme,
Et lui dit tout bas: 'Par ici'.

Travaillant pour nous en silence,
D'un geste sûr, toujours pareil,
Elle a l'oeil de la vigilance,
Les lèvres douces du sommeil.

Halévy

homme de lettres *n.m.* *auteur*
neveu *n.m.* nephew
toute une série a whole series
compositeur *n.m.* composer
se charger de to take care of
d'ailleurs furthermore
élu *(élire)* elected
tiré d'un recueil taken from a collection
intitulé entitled

Ludovic Halévy *1834-1908*

  Fils d'un homme de lettres, et neveu d'un musicien célèbre, Ludovic Halévy est auteur dramatique et romancier. En collaboration avec Henri Meilhac (1831-1897) il écrit toute une série d'opérettes, telles que *La Belle Hélène* (1864), *La Vie parisienne* (1866), et *La Périchole* (1868). Le compositeur, Jacques Offenbach (1819-1880) se charge de l'adaptation musicale de ces ouvrages, qui n'ont d'ailleurs pas perdu leur popularité.

  En 1884, deux ans après la publication de *l'Abbé Constantin,* le plus connu de ses romans, Halévy fut élu membre de l'Académie française.

  La charmante histoire qu'on va lire est tiré d'un recueil de contes intitulé *Karikari.*

Noiraud "Blackie"
N'ayez pas peur . . . Don't be afraid . . .
manquer to miss
Voilà quinze ans . . . *Depuis quinze ans* . . .
entendez-vous *comprenez-vous*
en retard . . . **heure** fifteen minutes late
Il n'y a pas . . . **été** . . . There was never an instance of the train not being . . .
Il y en eut un . . . There was one . . .
exact on time
cocher *n.m.* coachman
Il faut prévenir . . . You ought to let people know . . .
se mettent . . . **heure** start leaving on time
prenant à témoin taking as witnesses
fautif près de monsieur at fault in the gentleman's case
Ce fut . . . There was . . .
Je n'en avais moins . . . I nevertheless had . . .
canton de Vaud district of French-speaking Switzerland
flanqué de flanked by
houppettes *n.f.* tufts
j'invoquai l'assistance I appealed to those present
chaudron *n.m.* cauldron

NOIRAUD

— N'ayez pas peur, monsieur, vous ne manquerez pas le train... Voilà quinze ans que je mène des voyageurs au chemin de fer... et jamais je ne leur ai fait manquer le train! Entendez-vous, monsieur, jamais!
— Cependant...
— Oh! ne regardez pas votre montre...Il y a une chose que vous ne savez pas et qu'il faut savoir et que votre montre ne vous dira pas... C'est que le train est toujours en retard d'un quart d'heure... Il n'y a pas d'exemple que le train n'ait pas été en retard d'un quart d'heure.

Il y en eut un ce jour-là. Le train avait été exact et je le manquai. Mon cocher était furieux.

— Il faut prévenir, disait-il au chef de gare, il faut prévenir si vos trains, tout d'un coup, se mettent à partir à l'heure... Jamais on n'a vu ça!

Et prenant à témoin tous les assistants:
— N'est-ce pas qu'on n'a jamais vu ça? Je ne veux pas paraître fautif près de monsieur. Un train à l'heure!... Un train à l'heure!... Dites-lui bien que c'est la première fois que ça arrive.

Ce fut un cri général. «Oh oui! oh oui! ordinairement il y a du retard.» Je n'en avais pas moins trois grandes heures à passer dans un très mélancolique village du canton de Vaud, flanqué de deux mélancoliques montagnes qui avaient deux petites houppettes de neige sur la tête.

Comment tuer ces trois heures? A mon tour, j'invoquai l'assistance... Et ce fut de nouveau un cri général: «Allez voir le Chau-

je devais trouver I would find
un brave homme a good old man
vint m'ouvrir came to the door
Mais voilà . . . But say . . .
Il n'a pas de jambes . . . He can't walk . . .
ne vous inquiétez pas don't worry
Va pour Noiraud . . . I'll settle for Noiraud . . .
prévenir to warn
conduire to lead
il a l'habitude he's used to it
emmener to take (someone)
il a appris . . . endroits he has learned to know the various places
il fait . . . affaire he does his little job well
Pour . . . l'intelligence . . . As for intelligence . . .
autant as much
Il ne lui manque que la parole . . . All he lacks is speech . . .
des récits *n.m.* explanations
ça vous coûtera moins cher it will cost you less
trente sous a franc and a half

dron! il n'y a que ça à voir dans le pays.» Et où était-il ce Chaudron? Sur la montagne de droite, à mi-côte; mais le chemin était un peu compliqué; on me conseillait de prendre un guide, et là-bas, là-bas, dans cette petite maison blanche avec des volets verts, je devais trouver le meilleur guide du pays, un brave homme, le père Simon.

Je m'en allai frapper à la porte de la petite maison.

Une vieille femme vint m'ouvrir.

— Le père Simon?

— C'est bien ici... Mais voilà... si c'est pour aller au Chaudron...

— Oui, c'est pour aller au Chaudron.

— Eh bien! Il ne va pas bien depuis ce matin, le père Simon... Il n'a pas de jambes... Il ne peut pas sortir... Seulement, ne vous inquiétez pas, il y a quelqu'un pour le remplacer... il y a Noiraud...

— Va pour Noiraud...

— Seulement il faut que je vous prévienne... Ce n'est pas une personne, Noiraud.

— Pas une personne?

— Non, c'est notre chien.

— Comment votre chien?

— Oui, Noiraud... Et il vous conduira très bien, aussi bien que mon mari... il a l'habitude...

— L'habitude?

— Certainement, depuis des années et des années, le père Simon l'emmène avec lui... Alors il a appris à connaître les endroits et maintenant il fait très bien sa petite affaire tout seul. Il a souvent conduit des voyageurs, et nous en avons toujours eu des compliments. Pour ce qui est de l'intelligence, n'ayez pas peur, il en a autant que vous et moi... Il ne lui manque que la parole... Mais ça n'est pas nécessaire, la parole... si c'était pour montrer un monument, oui, parce qu'alors il faut savoir faire des récits et dire des dates historiques... Mais ici, il n'y a que des beautés de la nature. Prenez Noiraud. Et puis, ça vous coûtera moins cher... c'est trois francs, mon mari; Noiraud, ça n'est que trente sous; et il vous en fera voir pour trente sous autant que mon mari pour trois francs...

— Eh bien, où est-il Noiraud?

cent treize

au soleil in the sun
pas vrai? right?
d'un bond with one jump
vilain ugly
poils . . . ébouriffés curly and bristly fur
il ne payait pas de mine he wasn't much to look at
net sharp
suffire to be enough
je tenais . . . mésaventure I was anxious, above all, to avoid a recurrence of bad luck
ramener to bring back
à temps in time
en route on your way
disposé inclined
oublier to forget
tiroir *n.m.* drawer
me les remettant giving them to me
Voilà pourquoi . . . That's why . . .
qui allait en s'accentuant that became more marked
où il entrait into which there entered
C'est entendu . . . *C'est compris*
Me prenez-vous . . . bête? Do you think I'm an animal?

— Il se repose au soleil, dans le jardin... Il a déjà mené des Anglais, ce matin, au Chaudron. Je l'appelle, pas vrai?
— Oui, appelez-le.
— Noiraud! Noiraud!
Il arriva d'un bond par la fenêtre. C'était un assez vilain petit chien noir à longs poils frisés et ébouriffés; il ne payait pas de mine; mais il avait cependant, dans toute sa personne, un certain air de gravité, de décision, d'importance. Son premier regard fut pour moi; un regard net, précis, assuré, qui m'enveloppa rapidement des pieds à la tête, un regard qui disait clairement: «C'est un voyageur. Il veut voir le Chaudron.»

Un train manqué me suffisait, pour ce jour-là, et je tenais essentiellement à ne pas m'exposer une seconde fois à pareille mésaventure. J'expliquai à cette brave femme que je n'avais que trois heures pour ma promenade au Chaudron.

— Oh! je sais bien, me dit-elle, vous voulez prendre le train de quatre heures. Ne craignez rien. Noiraud vous ramènera à temps... Allons, Noiraud, en route, mon garçon, en route...

Mais Noiraud ne paraissait pas du tout disposé à se mettre en route. Il restait là immobile, regardant sa maîtresse avec une certaine agitation.

— Ah! je suis bête, dit la vieille femme. J'oubliais... j'oubliais le sucre...

Elle alla prendre quatre morceaux de sucre dans un tiroir et me les remettant:

— Voilà pourquoi il ne voulait pas partir... Vous n'aviez pas les morceaux de sucre. Tu vois, Noiraud, le monsieur a le sucre. Allons en route, mon garçon... Au Chaudron! au Chaudron! au Chaudron!

Elle répéta ces mots trois fois en parlant très lentement et très distinctement, et pendant ce temps, moi, j'examinais Noiraud avec attention. Il répondait aux paroles de sa maîtresse par de petits signes de tête qui allaient en s'accentuant et où il entrait évidemment, à la fin, un peu d'impatience et de mauvaise humeur. On pouvait les traduire ainsi: «Oui... oui... au Chaudron... j'ai compris... Le monsieur a les morceaux de sucre... et nous allons au Chaudron... C'est entendu... Me prenez-vous pour une bête?»

tourner les talons to turn about
vint *(venir)* came
se planter to place onself
aussi nettement . . . dire as clearly as a dog dare say
traverser to pass through
gaminer *jouer*
reconnaître to recognize
dédaigneux scornful
de l'air de with the manner of
en train de faire son devoir doing his duty
gagner to earn
Et tous de rire . . . And they all laughed
un peu humilié même a bit humiliated, even
en somme in a word, in short
J'avais hâte de . . . I was eager to . . .
me faire admirer to have me admire
furent *(être)* were
une affreuse . . . brûlante a horrible road, dusty and hot
soleil de plomb scorching sun
d'un pas alerte at a brisk pace
J'essayais . . . allure . . . I tried to slow his pace . . .
faisait . . . oreille pretended not to hear
poursuivait . . . chemin went his little way without wanting to understand me
fut . . . colère became furious
champ *n.m.* field
une ombre grêle a faint shadow
aboyer to bark
me jetait . . . irrités cast annoyed glances at me
On n'avait pas . . . s'arrêter là . . . It wasn't the custom to stop there . . .
jappements *n.m.* yelps
aigus sharp
agaçants annoying
tout aussitôt at once
se remit à trottiner resumed trotting
tout fleuri full of flowers

cent seize

Et sans laisser finir le troisième *au Chaudron* de madame Simon, Noiraud, évidemment blessé, tourna les talons, vint se planter en face de moi et, du regard, me montrant la porte, me dit aussi nettement qu'il était permis à un chien de le dire:
— Allons, venez, vous!...
Je le suivis docilement. Nous partîmes tous les deux, lui devant, moi derrière. Nous traversâmes ainsi tout le village... Des enfants qui gaminaient dans la rue reconnurent mon guide.
— Eh, Noiraud! Bonjour, Noiraud!

Ils voulaient jouer avec le chien; mais il tourna la tête d'un air dédaigneux, de l'air d'un chien qui n'a pas le temps de s'amuser, d'un chien qui est en train de faire son devoir et de gagner trente sous. Un des enfants s'écria:
— Laissez-le donc. Il conduit le m'sieu au Chaudron... Bonjour, m'sieu!
Et tous de rire, en répétant:
— Bonjour, m'sieu!

Je souriais, mais gauchement, j'en suis sûr. Je me sentais embarrassé, un peu humilié même. J'étais, en somme, dominé par cet animal. Il était, pour le moment, mon maître. Il savait où il allait, et moi je ne le savais pas. J'avais hâte de sortir du village et de me trouver seul avec Noiraud, en face de ces beautés de la nature qu'il avait pour mission de me faire admirer.

Ces beautés de la nature furent, pour commencer, une affreuse route poudreuse et brûlante, sous un soleil de plomb. Le chien marchait d'un pas alerte et je me fatiguais à le suivre. J'essayai de modérer son allure: *Noiraud, allons, Noiraud, mon garçon, pas si vite...* Noiraud faisait la sourde oreille, poursuivait, sans vouloir m'entendre, son petit bonhomme de chemin et fut pris brusquement d'un véritable accès de colère, quand je voulus m'asseoir, au coin d'un champ, sous un arbre qui donnait une ombre grêle. Il aboyait d'une petite voix rageuse, me jetait des regards irrités... Evidemment, ce que je faisais était contraire à la règle... On n'avait pas la coutume de s'arrêter là... Et les jappements étaient si aigus, si agaçants, que je me levai pour reprendre ma route. Noiraud se calma tout aussitôt et se remit à trotter gaiement devant moi. Je l'avais compris. Il était content.

Quelques minutes après, nous entrions dans un délicieux chemin, tout fleuri, tout ombreux, tout parfumé, tout plein de la

cent dix-sept

fraîcheur *n.f.* coolness
se glissa sous bois slipped into a thicket
sentier *n.m.* path
haletant panting
une centaine de pas about a hundred steps
verdure *n.f.* greenery
égayée enlivened
une mignonnette cascade a charming waterfall
banc *n.m.* bench
A la bonne heure! Good!
Je fis presque . . . Noiraud. I almost offered one to Noiraud.
fumer to smoke
Il l'attrapa au vol . . . He caught it on the fly . . .
croquer to chew
à belles dents with appetite
s'assoupir to doze
Il ne dormit guère . . . minutes. He didn't sleep more than ten minutes.
d'ailleurs furthermore
aveuglément blindly
s'étirer to stretch
ce petit regard de côté that little sidelong glance
cheminant sous bois going through the wood
allure *n.f.* speed
goûter to enjoy
tout à l'heure a little while back
échapper to escape
il s'avançait . . . pressé he advanced with a little step, sharp, short, hurried
détendu relaxed
droit straight
trouble *n.m.* embarrassment
démarche *n.f.* gait, walk
Il a dû se tromper . . . He must have made a mistake . . .
cirque *n.m.* amphitheater
le nez en l'air his head high

cent dix-huit

fraîcheur et du murmure des sources... Noiraud tout aussitôt se glissa sous bois, prit le galop et disparut dans le petit sentier... Je le suivais, un peu haletant. Je n'avais pas fait une centaine de pas, que je trouvai mon Noiraud qui m'attendait, la tête haute et l'œil brillant, dans une sorte de salle de verdure égayée par la chanson d'une mignonnette cascade. Il y avait là un vieux banc rustique, et le regard de Noiraud allait avec impatience de mes yeux à ce banc et de ce banc à mes yeux. Je commençais à comprendre le langage de Noiraud.

— A la bonne heure, me disait-il, voilà une place pour se reposer... Il fait bon, ici... il fait frais... Tu étais bête... tu voulais t'arrêter en plein soleil... Allons, assieds-toi... tu peux t'asseoir, je te le permets.

Et je m'arrêtai... et je m'assis... et j'allumai un cigare. Je fis presque le mouvement d'en offrir un à Noiraud. Il fumait peut-être... Mais je pensai qu'il préférerait un morceau de sucre. Il l'attrapa au vol fort adroitement, le croqua à belles dents, se coucha et s'assoupit à mes pieds. Il était évidemment habitué à faire à cette place une petite halte et une petite sieste.

Il ne dormit guère qu'une dizaine de minutes. J'étais, d'ailleurs, parfaitement tranquille; Noiraud commençait à m'inspirer une confiance absolue. J'étais résolu à lui obéir aveuglément. Il se leva, s'étira, me jeta ce petit regard de côté qui signifiait : « En route, mon ami... en route. » Et nous voilà, comme deux vieux amis, cheminant sous bois, d'une allure plus lente; Noiraud goûtait le charme, le silence et la douceur du lieu... Sur la route, tout à l'heure, ayant hâte d'échapper à cette chaleur, à cette poussière, il s'avançait d'un petit pas sec, serré, pressé. Il marchait pour arriver. Et maintenant, rafraîchi, détendu, Noiraud marchait pour le plaisir de se promener dans un des plus jolis petits sentiers du canton de Vaud.

Un chemin se présente à gauche. Courte hésitation de Noiraud... Il réfléchit. Puis il passe et continue sa route, droit devant lui, mais non sans quelque trouble et sans quelque incertitude dans sa démarche... Et voici qu'il s'arrête. Il a dû se tromper... Oui, car il revient sur ses pas et nous prenons ce chemin à gauche qui, tout d'un coup, au bout d'une centaine de pas, nous conduit à une sorte de cirque; et Noiraud, le nez en l'air, m'invite à

cent dix-neuf

hauteur *n.f.* height
infranchissable impassable
muraille *n.f.* wall
rochers *n.m.* rocks
il fait volte-face *il tourne les talons*
une légère faute a slight oversight
montueuse hilly
accidentée uneven
Je n'avance . . . lentement . . . I can only go on slowly . . .
Noiraud, lui . . . roche Noiraud, on his part, leaps nimbly from rock to rock
chargés laden
bouillonnement *n.m.* boiling sound
rejaillissements *n.m.* splashings
rebondissements *n.m.* bouncings
creusée hollowed
Je ne me consolerais pas de . . . I wouldn't be consoled for . . .
laborieuse painful
merveille *n.f.* wonder
De chaque côté . . . On each side . . .
laiteries *n.f.* dairies
Suissesses *n.f.* Swiss women
guettant watching for
vraies . . . mécanique real little houses, cut out by machine
de son côté toward her
s'apaiser to calm down
protégée *n.f.* favorite
joujou *n.m.* toy; *ici:* toy cottage
se faufiler to slip in
entre-bâillée half-opened
je suis des yeux I follow with my eyes
misérable *n.m.* wretch
jatte *n.f.* bowl
Il est vendu! He has been bought!

cent vingt

contempler la très respectable hauteur de l'infranchissable muraille de rochers qui forme ce cirque... Lorsque Noiraud pense que j'ai suffisamment contemplé, il fait volte-face, et nous reprenons notre petit sentier sous bois. Noiraud avait oublié de me montrer le cirque de rochers... une légère faute qui avait été bien vite réparée.

La route bientôt devient très montueuse, très accidentée, très dure... Je n'avance plus que lentement, avec des précautions infinies. Noiraud, lui, saute lestement de roche en roche, mais il ne m'abandonne pas... Il m'attend, en attachant sur moi des regards chargés de la plus touchante sollicitude. Enfin, je commence à entendre comme un bouillonnement; Noiraud se met à japper joyeusement.

— Courage, me dit-il, courage... Nous arrivons, tu vas voir le Chaudron.

C'est, en effet, le Chaudron. Une source assez modeste, d'une hauteur également modeste, tombe avec des rejaillissements et des rebondissements dans une grande roche légèrement creusée. Je ne me consolerais pas d'avoir fait cette laborieuse ascension pour voir cette médiocre merveille si je n'avais eu pour compagnon de route ce brave Noiraud qui est, lui, bien plus intéressant et bien plus remarquable que le Chaudron.

De chaque côté de la source, dans des petits chalets suisses, sont installées deux laiteries tenues par deux petites Suissesses, l'une blonde, l'autre brune; toutes deux en costume national, guettant avidement mon arrivée, sur le seuil de leurs maisonnettes, vraies petites boîtes découpées à la mécanique.

Il me semble que la petite blonde a de très jolis yeux et j'avais déjà fait trois ou quatre pas de son côté, lorsque Noiraud, éclatant en aboiements furieux, me barre résolument le passage. Aurait-il une préférence pour la petite brune? Je change de direction. C'était bien cela. Noiraud s'apaise comme par enchantement quand il me voit assis à une table devant la maison de sa jeune protégée. Je demande une tasse de lait. L'amie de Noiraud rentre dans son petit joujou et Noiraud se faufile à sa suite dans la maison. Par une fenêtre entre-bâillée, je suis des yeux mon Noiraud... Le misérable! On le sert avant moi. C'est lui qui, le premier, a sa grande jatte de lait. Il est vendu!

cent vingt et un

gouttelettes *n.f.* little drops
l'un de l'autre with each other
respirant à pleins poumons inhaling deeply
vif sharp
Je lis . . . à livre ouvert. I now read his eyes like a book.
faire des progrès to improve
comme . . . familière how familiar I have become with Noiraud's silent eloquence
te faire passer to make you go through
métier *n.m.* job
guilleret sprightly
assailli accosted
fort en humeur much in the mood
bavarder to chat
au passage as he passes
grognant growling
grondant scolding
repousser to decline
salle d'attente *n.f.* waiting room
en avance ahead of time
Ce n'est pas moi . . . train! I wouldn't have had you miss the train!

Après quoi, avec des gouttelettes blanches suspendues à ses moustaches, Noiraud vient me tenir compagnie et me regarder boire mon lait. Je lui donne un morceau de sucre, et, tous deux, absolument satisfaits l'un de l'autre, respirant à pleins poumons l'air vif et léger de la montagne, nous passons, à trois ou quatre cents mètres d'altitude, une demi-heure délicieuse.

Noiraud commence à donner quelques signes d'impatience et d'agitation. Je lis maintenant dans ses yeux à livre ouvert. Il faut partir... Je paie, je me lève, et, pendant que je m'en vais à droite vers le chemin qui nous a amenés sur la montagne, je vois mon Noiraud qui va se planter à gauche à l'entrée d'un autre chemin. Il attache sur moi un regard sérieux, sévère. Que de progrès j'ai faits depuis deux heures et comme la silencieuse éloquence de Noiraud m'est devenue familière!

— Quelle opinion as-tu de moi? me dit Noiraud. Crois-tu que je vais te faire passer deux fois par la même route? Non pas, vraiment... Je suis un bon guide... Je sais mon métier... Nous allons redescendre par un autre chemin.

Nous redescendons par cet autre chemin qui est beaucoup plus joli que le premier. Noiraud, tout guilleret, se retourne souvent vers moi avec un petit air de triomphe et de joie. Nous traversons le village et, sur la place de la gare, Noiraud est assailli par trois ou quatre chiens de ses amis qui paraissent fort en humeur de bavarder et de jouer un peu avec leur camarade. Ils veulent l'arrêter au passage, mais Noiraud, grognant, grondant, repousse vivement leurs avances.

— Vous voyez bien que j'ai à faire... Je conduis ce monsieur à la gare.

Ce n'est que dans la salle d'attente qu'il consent à se séparer de moi — après avoir croqué gaiement les deux derniers morceaux de sucre — et voici comment je traduis le regard d'adieu de Noiraud:

— Nous sommes en avance de vingt minutes. Ce n'est pas moi qui t'aurais fait manquer le train! Allons! bon voyage! bon voyage!

cent vingt-trois

QUESTIONNAIRE

1. Dans quel pays se passe l'action de cette histoire?
2. De combien de temps le train est-il toujours en retard?
3. Est-il exact ce jour-là?
4. Pourquoi le cocher est-il furieux?
5. Qui a-t-il pris à témoin?
6. Est-ce que le train est souvent à l'heure?
7. Combien de temps le voyageur devra-t-il attendre?
8. Qu'y a-t-il au sommet des montagnes?
9. Quelle question le voyageur pose-t-il à l'assistance?
10. Est-il facile d'arriver au Chaudron?
11. Décrivez la maison du guide.
12. Pourquoi le père Simon ne peut-il pas sortir?
13. Qui est-ce qui le remplace?
14. Est-ce que Noiraud est un guide expérimenté (experienced)?
15. Quel avantage financier y a-t-il à prendre Noiraud comme guide?
16. Pourquoi Noiraud ne paie-t-il pas de mine?
17. A quelle mésaventure le voyageur tient-il à ne pas s'exposer?
18. Pourquoi Noiraud ne veut-il pas partir tout de suite?
19. Quel temps fait-il ce jour-là?
20. Comment Noiraud montre-t-il sa mauvaise humeur?
21. Qu'est-ce que Noiraud fait comprendre aux enfants?
22. Pourquoi le voyageur se sent-il embarrassé?
23. A quelles demandes de son client Noiraud fait-il la sourde oreille?
24. Pourquoi Noiraud se met-il en colère?
25. Quelle sorte de chemin empruntent-ils?
26. Comment Noiraud indique-t-il que son client peut se reposer?
27. Qu'est-ce que Noiraud préfère à la place d'un cigare?
28. Comment croque-t-il sa récompense?
29. La sieste de Noiraud dure-t-elle longtemps?
30. Pourquoi marche-t-il d'une allure plus lente?
31. Comment s'est-il trompé?
32. Quelle curiosité naturelle montre-t-il au voyageur?
33. Pourquoi fait-il brusquement volte-face?

34. Pourquoi le voyageur avance-t-il lentement après avoir vu le cirque?
35. Pourquoi le chien commence-t-il à japper?
36. Quel bruit le voyageur entend-il?
37. Pourquoi la merveille de la nature s'appelle-t-elle *le Chaudron?*
38. Que voit-on de chaque côté de la source?
39. Laquelle des Suissesses Noiraud préfère-t-il?
40. Comment indique-t-il sa préférence?
41. Pourquoi se faufile-t-il à la suite de sa protégée?
42. Qui sert-on le premier?
43. A quelle altitude se trouve le chalet?
44. Pourquoi Noiraud s'agite-t-il?
45. De quelle façon se montre-t-il bon guide?
46. Quels amis assaillent Noiraud sur la place de la gare?
47. A quel moment consent-il à se séparer du voyageur?
48. Le voyageur va-t-il manquer le train une seconde fois?
49. Avez-vous un chien? Décrivez-le. Ressemble-t-il à Noiraud? Aime-t-il croquer des morceaux de sucre? Est-il intelligent? Comment le savez-vous?

Guy de

Maupassant

amateur *n.m.* enthusiast
canotage *n.m.* boating
pêche *n.f.* fishing
débuter *commencer*
suif *n.m.* tallow, grease
Lors de . . . At the time . . .
sa propre formule his own formula
vérité choisie selective truth
sec dry
chasse *n.f.* hunting
A partir de . . . From . . .
névralgies *n.f.* sharp nerve pains, neuralgia
sombrer to collapse
folie *n.f.* madness
Le Horla name invented by Maupassant
révélateurs revealing, indicative
maladif pathological
esprit *n.m.* mind

cent vingt-huit

Guy de Maupassant *1850-1893*

Soldat pendant la guerre Franco-Allemande (1870-1871), athlète, amateur de canotage et de pêche, Maupassant débute dans la littérature avec *Boule de Suif* (1880), nouvelle écrite sous l'influence de Zola. Lors de la publication de son roman, *Pierre et Jean* (1888), Maupassant se sépare de l'école naturaliste, préférant sa propre formule de «vérité choisie et expressive» au concept naturaliste de «toute la vérité».

Le style de Maupassant, sec et concis, donne une impression de simplicité, d'équilibre et de condensation.

Au cours de ses écrits—six romans et environ trois cents nouvelles—il exploite toute une variété de sujets: la guerre, la chasse, la vie des paysans, et l'hypocrisie bourgeoise. Son thème préféré, cependant, est l'amour et ses bizarreries. Le ton général de son oeuvre est cynique et pessimiste.

A partir de 1884, Maupassant souffre de névralgies et d'hallucinations, et en 1891 il sombre dans la folie. Quelques-uns de ses derniers contes, tels que *Le Horla, La Peur,* et celui qu'on va lire, sont révélateurs de l'état maladif de son esprit.

maison de santé *n.f.* asylum
frisson *n.m.* shudder
douloureux painful
angoisse *n.f.* anguish
os *n.m.* bones
inquiétant alarming
effrayant frightening
halluciné *n.m.* *un homme qui a des hallucinations*
rôdeurs roving
hantés haunted
malaise *n.m.* uneasiness
énervements *n.m.* nervous spells
tic *n.m.* *une habitude désagréable*
manie *n.f.* mania
errer to wander
manier to handle
traînantes lying about
nues bare
fébriles feverish
sous ... aisselles under the armpits of his coat
en croisant by folding
On eût dit ... One would have said ...
qu'elles ne fissent that they would perform
quelque besogne défendue some forbidden task
honteuse shameful
par saccades brusques by sudden jerky movements
élans *n.m.* impulses
comme s'il n'eût pas voulu as if he didn't want
volonté *n.f.* will

UN FOU?

Quand on me dit: «Vous savez que Jacques Parent est mort fou dans une maison de santé», un frisson douloureux, un frisson de peur et d'angoisse me courut le long des os; et je le revis brusquement, ce grand garçon étrange, fou depuis longtemps peut-être, maniaque inquiétant, effrayant même.

C'était un homme de quarante ans, haut, maigre, un peu voûté, avec des yeux d'halluciné, des yeux noirs, si noirs qu'on ne distinguait pas la pupille, des yeux mobiles, rôdeurs, malades, hantés. Quel être singulier, troublant qui apportait, qui jetait un malaise autour de lui, un malaise vague, de l'âme, du corps, un de ces énervements incompréhensibles qui font croire à des influences surnaturelles.

Il avait un tic gênant: la manie de cacher ses mains. Presque jamais il ne les laissait errer, comme nous faisons tous sur les objets, sur les tables. Jamais il ne maniait les choses traînantes avec ce geste familier qu'ont presque tous les hommes. Jamais il ne les laissait nues, ses longues mains osseuses, fines, un peu fébriles.

Il les enfonçait dans ses poches, sous les revers de ses aisselles en croisant les bras. On eût dit qu'il avait peur qu'elles ne fissent, malgré lui, quelque besogne défendue, qu'elles n'accomplissent quelque action honteuse ou ridicule s'il les laissait libres et maîtresses de leurs mouvements.

Quand il était obligé de s'en servir pour tous les usages ordinaires de la vie, il le faisait par saccades brusques, par élans rapides du bras comme s'il n'eût pas voulu leur laisser le temps d'agir par elles-mêmes, de se refuser à sa volonté, d'exécuter autre

saisir   to grasp
fourchette *n.f.*   fork
couteau *n.m.*   knife
prévoir   to foresee
Or . . .   Now . . .
j'eus   *ici:* I received
agité   excited
atroce   terrible
remuer   *bouger*
de four   furnace-like
gagner mon lit   *aller au lit*
effaré   *terrifié*
secouer   *agiter*
Qu'est-ce que tu as?   What's wrong with you?
doué d'un pouvoir   endowed with a power
puissance *n.f.*   *force*
Enfin . . .   *En un mot* . . .
tout à l'heure   earlier
éperdus   frantic
revers *n.m.*   lapels
J'avais envie de partir . . .   I felt like leaving . . .
se sauver   *partir*
s'enfuir   *se sauver*
pièce *n.f.*   *chambre*
redoutable   *épouvantable*

chose. A table, il saisissait son verre, sa fourchette ou son couteau si vivement, qu'on n'avait jamais le temps de prévoir ce qu'il voulait faire avant qu'il ne l'eut accompli.

Or, j'eus un soir l'explication de la surprenante maladie de son âme.

Il venait passer de temps en temps quelques jours chez moi, à la campagne, et ce soir-là il me paraissait particulièrement agité !

Un orage montait dans le ciel, étouffant et noir, après une journée d'atroce chaleur. Aucun souffle d'air ne remuait les feuilles. Une vapeur chaude de four passait sur les visages, faisait haleter les poitrines. Je me sentais mal à l'aise, agité, et je voulus gagner mon lit.

Quand il me vit me lever pour partir, Jacques Parent me saisit le bras d'un geste effaré.

— Oh ! non, reste encore un peu, me dit-il.

Je le regardai avec surprise en murmurant :

— C'est que cet orage me secoue les nerfs.

Il gémit, ou plutôt il cria :

— Et moi donc ! Oh ! reste, je te prie ; je ne voudrais pas demeurer seul.

Il avait l'air affolé.

Je prononçai :

— Qu'est-ce que tu as ? Perds-tu la tête ?

— Oui, par moments, dans les soirs comme celui-ci, dans les soirs d'électricité...j'ai...j'ai...j'ai peur...j'ai peur de moi...tu ne me comprends pas ? C'est que je suis doué d'un pouvoir...non...d'une puissance...non...d'une force...Enfin, je ne sais pas dire ce que c'est, mais j'ai en moi une action magnétique si extraordinaire que j'ai peur, oui, j'ai peur de moi, comme je te le disais tout à l'heure !

Et il cachait, avec des frissons éperdus, ses mains vibrantes sous les revers de sa jaquette. Et moi-même je me sentis soudain tout tremblant d'une crainte confuse, puissante, horrible. J'avais envie de partir, de me sauver, de ne plus le voir, de ne plus voir son œil errant passer sur moi, puis s'enfuir, tourner autour du plafond, chercher quelque coin sombre de la pièce pour s'y fixer, comme s'il eût voulu cacher aussi son regard redoutable.

Je balbutiai :

— Tu ne m'avais jamais dit ça !

cent trente-trois

que tu saches that you know
secourir *aider*
magnétisme *n.m.* *hypnose*
constater *observer*
pourtant *cependant*
M. Charcot Jean-Martin Charcot (1825-1893), *célèbre neurologiste français*
professer to profess, teach
être *n.m.* being
voler to steal
bourse *n.f.* purse
Moi *n.m.* the self
fond *n.m.* depth
asile *n.m.* *sanctuaire*
inavouables *secrètes*
céder to yield
violer to violate
à peine scarcely, *presque pas*
entourer *environner*
bouleverser to upset
emporter *transporter*
griser *enivrer*
affoler *troubler la raison*
Deux corps se heurtent. Two bodies strike each other.
selon *d'après*
peau *n.f.* skin
cerveau *n.m.* brain
son *n.m.* *bruit*
tympan *n.m.* ear drum
brise *n.f.* breeze
ne vient . . . étrange comes only from the strange property
Elle n'existerait point . . . n'existerait pas . . . If this skin didn't exist, sound wouldn't exist either . . .

cent trente-quatre

Il reprit:
— Est-ce que j'en parle à personne? Tiens, écoute, ce soir je ne puis me taire. Et j'aime mieux que tu saches tout; d'ailleurs, tu pourras me secourir.
Le magnétisme! Sais-tu ce que c'est? Non. Personne ne sait. On le constate pourtant. On le reconnaît, les médecins eux-mêmes le pratiquent: un des plus illustres, M. Charcot, le professe: donc, pas de doute, cela existe.

Un homme, un être a le pouvoir, effrayant et incompréhensible, d'endormir, par la force de sa volonté, un autre être, et, pendant qu'il dort, de lui voler sa pensée comme on volerait une bourse. Il lui vole sa pensée, c'est-à-dire son âme, l'âme, ce sanctuaire, ce secret du Moi, l'âme, ce fond de l'homme qu'on croyait impénétrable, l'âme, cet asile des inavouables idées, de tout ce qu'on cache, de tout ce qu'on aime, de tout ce qu'on veut céder à tous les humains, il l'ouvre, la viole, l'étale, la jette au public! N'est-ce pas atroce, criminel, infâme?

Pourquoi, comment cela se fait-il? Le sait-on? Mais que sait-on?

Tout est mystère. Nous ne communiquons avec les choses que par nos misérables sens, incomplets, infirmes, si faibles qu'ils ont à peine la puissance de constater ce qui nous entoure. Tout est mystère. Songe à la musique, cet art divin, cet art qui bouleverse l'âme, l'emporte, la grise, l'affole, qu'est-ce donc? Rien.

Tu ne me comprends pas? Ecoute. Deux corps se heurtent. L'air vibre. Ces vibrations sont plus ou moins nombreuses, plus ou moins rapides, plus ou moins fortes, selon la nature du choc. Or, nous avons dans l'oreille une petite peau qui reçoit ces vibrations de l'air et les transmet au cerveau sous forme de son. Imagine qu'un verre d'eau se change en vin dans ta bouche. Le tympan accomplit cette incroyable métamorphose, ce surprenant miracle de changer le mouvement en son. Voilà.

La musique, cet art complexe et mystérieux, précis comme l'algèbre et vague comme un rêve, cet art fait de mathématiques et de brise, ne vient donc que de la propriété étrange d'une petite peau. Elle n'existerait point, cette peau, que le son non plus n'existerait pas, puisque par lui-même il n'est qu'une vibration. Sans l'oreille, devinerait-on la musique? Non. Eh bien! nous

les organes nous manquent we lack organs
de celles-là one of those things
Nous ne pouvons que pressentir . . . We can but sense . . .
tenter *ici:* to venture into
voisinage *n.m.* *région*
entrevoir to sight
Quant à moi . . . As for me . . .
affreuse *épouvantable*
enfermé enclosed
ronger to undermine
engourdir to benumb
verser to pour, administer
se crever les yeux to put out one's eyes
poignets *n.m.* wrists
à grands pas with long steps
comme s'il eût . . . épées as if he had bared two swords
je sifflai ma chienne I whistled for my dog
aussitôt *immédiatement*
le bruit précipité the hurried sound
remuant la queue wagging her tail
elle voulut s'enfuir she tried to run away
crâne *n.m.* top of the head, skull

sommes entourés de choses que nous ne soupçonnerons jamais, parce que les organes nous manquent qui nous les révéleraient.

Le magnétisme est de celles-là peut-être. Nous ne pouvons que pressentir cette puissance, que tenter en tremblant ce voisinage des esprits, qu'entrevoir ce nouveau secret de la nature, parce que nous n'avons point en nous l'instrument révélateur.

Quant à moi...Quant à moi, je suis doué d'une puissance affreuse. On dirait un autre être enfermé en moi, qui veut sans cesse s'échapper, agir malgré moi, qui s'agite, me ronge, m'épuise. Quel est-il? Je ne sais pas, mais nous sommes deux dans mon pauvre corps, et c'est lui, l'autre, qui est souvent le plus fort, comme ce soir.

Je n'ai qu'à regarder les gens pour les engourdir comme si je leur avais versé de l'opium. Je n'ai qu'à étendre les mains pour produire des choses...des choses... terribles. Si tu savais? Oui. Si tu savais? Mon pouvoir ne s'étend pas seulement sur les hommes, mais aussi sur les animaux et même...sur les objets...

Cela me torture et m'épouvante. J'ai eu envie souvent de me crever les yeux et de me couper les poignets.

Mais je vais...je veux que tu saches tout. Tiens. Je vais te montrer cela...non pas sur des créatures humaines, c'est ce qu'on fait partout mais sur...sur...des bêtes.

Appelle Mirza.

Il marchait à grands pas avec des airs d'halluciné, et il sortit ses mains cachées dans sa poitrine. Elles me semblèrent effrayantes comme s'il eût mis à nu deux épées.

Et je lui obéis machinalement, subjugué, vibrant de terreur et dévoré d'une sorte de désir impétueux de voir. J'ouvris la porte et je sifflai ma chienne qui couchait dans le vestibule. J'entendis aussitôt le bruit précipité de ses ongles sur les marches de l'escalier, et elle apparut joyeuse, remuant la queue.

Puis je lui fis signe de se coucher sur un fauteuil; elle y sauta, et Jacques se mit à la caresser en la regardant.

D'abord, elle sembla inquiète; elle frissonnait, tournait la tête pour éviter l'œil fixe de l'homme, semblait agitée d'une crainte grandissante. Tout à coup, elle commença à trembler, comme tremblent les chiens. Tout son corps palpitait, secoué de longs frissons, et elle voulut s'enfuir. Mais il posa sa main sur le crâne

pousser *ici:* to utter
sous ce toucher under this touch
étourdi dizzy
lorsqu'on monte en barque when one gets into a boat
remuer *bouger*
chancelant, trébuchant . . . aveugle staggering, stumbling, as if blind
linge *n.m.* piece of linen
gueule *n.f.* *la bouche d'un animal*
elle mordait à côté she missed it in biting
comme si . . . vu as if she didn't see it
de la même allure ballottée with the same unsteady gait
somnambule sleepwalking
lièvre *n.m.* hare
pille go for it
de ventriloque ventriloquist-inspired
sueur *n.f.* sweat
soubresauts *n.m.* convulsive movements
s'en vint vers moi came toward me
frotter to rub
comme s'il . . . invisibles as if he had released her from invisible bonds
pour qu'elle s'en allât so that she could leave
épuisée *très fatiguée*
griffes *n.f.* claws

de l'animal qui poussa, sous ce toucher, un de ces longs hurlements qu'on entend, la nuit, dans la campagne.

Je me sentais moi-même engourdi, étourdi, ainsi qu'on l'est lorsqu'on monte en barque. Je voyais se pencher les meubles, remuer les murs. Je balbutiai: «Assez, Jacques, assez.» Mais il ne m'écoutait plus, il regardait Mirza d'une façon continue, effrayante. Elle fermait les yeux maintenant et laissait tomber sa tête comme on fait en s'endormant. Il se tourna vers moi.

— C'est fait, dit-il, vois maintenant.

Et jetant son mouchoir de l'autre côté de l'appartement, il cria: «Apporte!»

La bête alors se souleva et chancelant, trébuchant comme si elle eût été aveugle, remuant ses pattes comme les paralytiques remuent leurs jambes, elle s'en alla vers le linge qui faisait une tache blanche contre le mur. Elle essaya plusieurs fois de le prendre dans sa gueule, mais elle mordait à côté comme si elle ne l'eût pas vu. Elle le saisit enfin, et revint de la même allure ballottée de chien somnambule.

C'était une chose terrifiante à voir. Il commanda: «Couche-toi». Elle se coucha. Alors, touchant le front, il dit: «Un lièvre, pille, pille.» Et la bête, toujours sur le flanc, essaya de courir, s'agita comme font les chiens qui rêvent, et poussa, sans ouvrir la gueule, des petits aboiements de ventriloque.

Jacques semblait devenu fou. La sueur coulait de son front. Il cria: «Mords-le, mords ton maître.» Elle eut deux ou trois soubresauts terribles. On eût juré qu'elle résistait, qu'elle luttait. Il répéta: «Mords-le.» Alors, se levant, ma chienne s'en vint vers moi, et moi je reculais vers la muraille, frémissant d'épouvante, le pied levé pour la frapper, pour la repousser.

Mais Jacques ordonna: «Ici, tout de suite.» Elle se retourna vers lui. Alors, de ses deux grandes mains, il se mit à lui frotter la tête comme s'il l'eût débarrassée de liens invisibles.

Mirza rouvrit les yeux: «C'est fini», dit-il.

Je n'osais point la toucher et je poussai la porte pour qu'elle s'en allât. Elle partit lentement, tremblante, épuisée, et j'entendis de nouveau ses griffes frapper les marches.

Mais Jacques revint vers moi: «Ce n'est pas tout. Ce qui m'effraie le plus, c'est ceci, tiens. Les objets m'obéissent.»

cent trente-neuf

couteau-poignard ... servais   the dagger-like knife I used
allonger   to stretch out
ramper   to crawl
tressaillir   *frissonner*
la main arrêtée   the motionless hand
aigu   shrill
Jacques reprit   Jacques went on
ensuite   *ici:* ultimately
aimant *n.m.*   magnet
ne me lassant jamais   never tiring
enfouir   *cacher*
frémissement *n.m.*   *tremblement*
Une rumeur ... feuillage ...   A sound arose in that foliage ...
ondée épaisse   heavy downpour

Il y avait sur ma table une sorte de couteau-poignard dont je me servais pour couper les feuillets des livres. Il allongea sa main vers lui. Elle semblait ramper, s'approchait lentement; et tout d'un coup je vis, oui, je vis le couteau lui-même tressaillir, puis il remua, puis il glissa doucement, tout seul, sur le bois vers la main arrêtée qui l'attendait, et il vint se placer sous ses doigts.

Je me mis à crier de terreur. Je crus que je devenais fou moi-même, mais le son aigu de ma voix me calma soudain.

Jacques reprit:

— Tous les objets viennent ensuite vers moi. C'est pour cela que je cache mes mains. Qu'est cela? Du magnétisme, de l'électricité, de l'aimant? Je ne sais pas, mais c'est horrible.

Et comprends-tu pourquoi c'est horrible? Quand je suis seul, aussitôt que je suis seul, je ne puis m'empêcher d'attirer tout ce qui m'entoure.

Et je passe des jours entiers à changer des choses de place, ne me lassant jamais d'essayer ce pouvoir abominable, comme pour voir s'il ne m'a pas quitté.

Il avait enfoui ses grandes mains dans ses poches et il regardait dans la nuit. Un petit bruit, un frémissement léger semblait passer dans les arbres.

C'était la pluie qui commençait à tomber.

Je murmurai: «C'est effrayant!»

Il répéta: «C'est horrible.»

Une rumeur accourut dans ce feuillage, comme un coup de vent. C'était l'averse, l'ondée épaisse torrentielle.

Jacques se mit à respirer par grands souffles qui soulevaient sa poitrine.

— Laisse-moi, dit-il, la pluie va me calmer. Je désire être seul à présent.

QUESTIONNAIRE

1. Pourquoi les yeux de Jacques sont-ils bizarres?
2. Quel effet la présence de cet homme produit-elle?
3. Quelle habitude étrange a-t-il?

4. Comment se sert-il de ses mains?
5. Quel temps faisait-il à la campagne?
6. Dans quel état se trouve Jacques?
7. Pourquoi a-t-il peur?
8. Est-ce que les médecins emploient le magnétisme aujourd'hui?
9. Pourquoi Jacques a-t-il horreur des hypnotiseurs?
10. Communiquons-nous avec les choses?
11. Quelle est la fonction du tympan?
12. Qu'est-ce que Jacques peut faire en regardant les gens?
13. Son pouvoir se limite-t-il aux hommes?
14. A quoi les mains de Jacques ressemblent-elles?
15. Qui est Mirza? A quoi l'entend-on venir?
16. Est-ce que Mirza reste tranquille sous le regard de Jacques?
17. Y a-t-il vraiment un lièvre dans la chambre?
18. Comment sait-on que l'animal est complètement sous l'influence de Jacques?
19. Comment réveille-t-il Mirza?
20. Quel pouvoir a-t-il sur les objets?
21. Comment démontre-t-il ce pouvoir?
22. Est-ce que Jacques peut expliquer son pouvoir?
23. Voudriez-vous avoir du pouvoir sur les objets?
24. Pourquoi Jacques cache-t-il ses mains en public?
25. Comment passe-t-il ses journées?
26. Cette histoire est-elle croyable?
27. Avez-vous jamais vu une démonstration d'hypnose?
28. Est-il facile d'attirer les objets sans les toucher?
29. Y a-t-il une qualité naturaliste dans cette histoire?
30. Préférez-vous cette nouvelle à l'*Histoire d'un Fou* de Zola?

cent quarante-trois

MARGUERITTE

d'abord   at first
se séparer de   to part from
douzaine *n.f.*   about twelve

Paul Margueritte
1860-1918

D'abord membre du groupe naturaliste, Paul Margueritte s'en sépare en 1887, scandalisé par l'extrême réalisme de *La Terre* de Zola.

Auteur d'une douzaine de romans dont le plus célèbre est *La Force des choses* (1891), Margueritte s'inspire de l'exemple des écrivains russes, insistant, dans ses écrits, sur le détail psychologique. De 1896 à 1908 il collabore avec son frère, Victor, à plusieurs ouvrages, tels que *Le Désastre,* livre sur la guerre de 1870.

Le récit humoristique qu'on va lire, est tiré du recueil, *Gens qui passent*.

Parez! Dégagez! Parry! Disengage! (fencing terms)
hasarder to venture
Tu tiens ... aller ... You are very anxious to go ...
Il fit vibrer l'r ... He trilled the *r* ...
se rebiffer to bristle with indignation
plaisanter to joke
aigrette *n.f.* egret feather
elle avait l'air ... agressif she looked like a small aggressive rooster
en bataille militant
préciser to make clear
aimable charming
relations *n.f.* connections
mondes *n.m.* *ici:* circles
les demis (mondes) et les quarts (mondes) *n.m.* circles of doubtful respectability
ministres *n.m.* cabinet ministers
artistes *n.m. & f.* actors
Comédie *n.f.* la Comédie-Française
vivante lively
à ravir beautifully
voyante showy
dés qu'on ... pot-au-feu anyone who isn't just "meat and potatoes"
couturiers *n.m.* dressmakers
Je m'en aperçois. So I notice.
A quoi How?
Au collant ... factures. By the snug fit and the size of the bills.
sac *n.m.* bag
genre *n.m.* style

cent quarante-six

PAREZ! DEGAGEZ!

Robert hasarda:
— Tu tiens beaucoup à aller à cette exposition?
— Mais oui, dit Charlette, puisque j'ai promis à Loulou.
— Qui ça, Loulou? Ah oui! Louise Dufeuil, ta grande amie.
Il fit vibrer l'*r* avec ironie. Charlette se rebiffa:
— Pourquoi plaisantes-tu? Tu as tes amis. J'ai les miennes.
Avec son chapeau à aigrette bleu-vert, elle avait l'air d'un petit coq agressif, le nez en bataille, la bouche d'un rouge vif.
Il précisa:
— Je n'aime pas beaucoup Mme Dufeuil.
— Veux-tu me faire le plaisir de me dire pourquoi? Elle est trés aimable. Elle a des relations dans tous les mondes.
— Tous, oui, même les demis et les quarts.
— On rencontre chez elle des femmes de ministres, des artistes de la Comédie. Elle est gaie, vivante. Elle s'habille à ravir.
— Un peu voyante.
— Oh toi...dès qu'on n'est pas pot-au-feu...Et Charlette, avec un rire provocant:
— Elle a un goût très sûr; elle me conseille chez les couturiers.
— Je m'en aperçois.
— A quoi?
— Au collant des étoffes et à l'ampleur des factures.
— Je ne peux pas m'habiller d'un sac et ne rien te coûter.
— Evidemment. Mais, enfin, le genre de cette belle madame ne me plaît pas. Et son influence sur toi...
— Son influence? Je serais curieuse...

au carmin painted red
ce rose aux joues this pink in your cheeks
se maquiller to use makeup
Cela me va bien. It looks well on me.
ménage *n.m.* home
exiger to demand
se calfeutrer to lock oneself in
nuance *n.f.* shade of difference
Fraulein . . . occupe only the German governess looks after them
mondains social
des thés chic smart afternoon teas
à n'en plus finir endless
migraine *n.f.* headache
agacer to irritate
J'entends . . . moi. I intend to be independent.
tu viens de . . . nez you have just used her nasal tone
espacer to space
courses *n.f.* shopping trips
papotages *n.m.* chit chat
convienne *(convenir)* is appropriate
revenue de ton engouement recovered from your infatuation
prendre en grippe to take a dislike to
lubie *n.f.* whim
griefs *n.m.* complaints
mâchonner to chew on
poil *n.m.* hair
lèvre *n.f.* lip
se promena . . . palais wandered onto his palate
chatouilla sa luette tickled his uvula
daigner to deign
sur . . . sorties after several sham exits
prendre congé to take leave
levrette *n.f.* greyhound
moqueur ironic

— Oh! il n'y a pas à chercher loin: tes manières depuis que tu la connais. Tiens, ces yeux cerclés de noir, cette bouche au carmin, ce rose aux joues...Pourquoi te maquilles-tu?

— Cela me va bien.

— Attends d'avoir quarante ans, comme elle. Tu es jeune, tu es jolie! qu'as-tu besoin de ressembler à qui tu n'es pas? Autre chose. Tu aimais ton ménage autrefois. Tu es toujours dehors, à présent.

— Exiges-tu que je me calfeutre?

— Il y a une nuance. Tu sortais avec les enfants. Maintenant, Fraulein, seule, s'en occupe.

— J'ai des devoirs mondains.

— Et des thés chic, et des grands magasins, et des visites à n'en plus finir. Notre intimité, où est-elle?

— Oh! n'exagère pas. Je ne suis pas sortie hier.

— Tu avais la migraine.

— Tu m'agaces! J'entends ne relever que de moi. Suis-je une esclave?

— Tu parles comme Louise. Tiens, tu viens de prendre sa voix de nez! Ecoute, Charlette, je n'aime pas faire acte d'autorité. C'est donc gentiment, très gentiment, que je te prie d'espacer un peu vos rendez-vous, vos courses et vos papotages. Je t'assure, Mme Dufeuil n'est pas une relation qui te convienne, et quand tu seras revenue de ton engouement...

— Je n'ai pas d'engouement, d'abord. Alors, parce que tu as pris Loulou en grippe, par caprice, lubie autoritaire, tu t'imagines? ...Eh bien, non, Loulou est mon amie et le restera. Tes griefs n'ont pas le sens commun.

— Réfléchis!

— C'est tout réfléchi. Je te quitte. J'ai oublié diverses choses dans ma chambre. Au revoir, tyran.

Elle rit et disparut. Robert, qui avait mal aux nerfs, mâchonna sa moustache et n'y prit aucun plaisir, d'autant moins qu'un poil resta à sa lèvre, passa sur sa langue, se promena dans son palais, chatouilla sa luette, et daigna, sur une ou deux fausses sorties, prendre discrètement congé.

La porte du salon s'ouvrit, et Mme Louise Dufeuil, haute, maigre, tête de levrette, l'œil moqueur, parut:

cent quarante-neuf

Je vais la prendre . . . I'll go get her . . .
rien ne presse there's no rush
Est-ce que . . . peur? Do I frighten you?
pouvez-vous dire? how can you say this?
pleine d'esprit et de cœur intelligent and noble
séduisante au possible as attractive as could be
quelque part anywhere
sans que vous plaisiez without people liking you very much
fichtrement extremely
Parbleu . . . Dash it all, to be sure . . .
causer to chat
se damner to risk one's soul
préventions *n.f.* prejudices
C'est Mme Pful . . . habille? Mme Pful is your dressmaker, isn't she?
retirer to withdraw
déganter to remove a glove
ongles *n.m.* nails
tissu *n.m. ici:* flesh
délicieuse delightful
Est-ce que . . . déplais? Don't you like me?
maussade sullen
abruti *n.m. personne stupide*

—Seul? Bonjour, cher monsieur. Je croyais que Charlette?...
— Elle revient. Vous êtes à ravir, aujourd'hui.
— Vous trouvez? Trop aimable. Nous sommes en retard. Je vais la prendre dans sa chambre...
— Restez donc, rien ne presse. Est-ce que je vous fais peur?
— Un peu. Vous ne m'aimez pas.
— Moi?
Robert leva au ciel un regard indigné:
— Oh! pouvez-vous dire? Vous ne vous êtes donc jamais regardée dans la glace?
— Pourquoi?
— Vous comprendriez que, charmante comme vous l'êtes, pleine d'esprit et de cœur, séduisante au possible, vous ne pouvez entrer quelque part sans que vous plaisiez, et fichtrement encore!
— Alors, je vous plais, à vous?
— Dame!
— Ce n'est pas ce que prétend Charlette.
— Parbleu, elle est jalouse! Tenez, asseyez-vous là, près de moi. Causons un peu, en bons amis. Quels beaux yeux vous avez! Et ce sourire! On se damnerait pour ce sourire!
— Je ne vous reconnais pas.
— Parce que vous ne m'avez jamais connu. Charlette vous a inspiré des préventions, bien injustes...C'est Mme Pful qui vous habille?
— Oui.
— Ce bleu est divin; oh, le joli pied! Ne le retirez pas si vite. Non, laissez-moi votre main, cette petite main ferme et délicate.
— Qu'est-ce que vous faites? Etes-vous fou?
— Parce que je vous dégante? Je suis sûr que vous avez des veines pâles. Et vos ongles, je les connais, comme je connais le tissu de rose de vos doigts...Loulou, vous êtes délicieuse.
— Laissez-moi...Charlette va venir.
— Non...oui...ça m'est égal. Est-ce que je vous déplais?
— Je ne me le suis jamais demandé! Vous me montriez un visage si maussade.
— Maussade! Quelle erreur! Regardez-moi. Mais bien. En face. Vos beaux yeux verts dans les miens. Ai-je l'air d'un sauvage ou d'un abruti?

cent cinquante et un

MARGUERITTE

se moquer de   to make fun of
genoux *n.m.*   knees
se fâcher   to get angry
côte à côte   side by side
Comme vous sentez . . . d'Ecosse.   You smell so good of Scotch heather.
ces mèches folles   those unruly curls
fauves   tawny, auburn
dans le cou   on your neck
à point nommé   at just the right moment
nuque *n.f.*   nape of the neck
gêne *n.f.*   embarrassment
trop d'empressement . . . Loulou   exaggerated attentiveness on Loulou's part
une volubilité suspecte   an unnatural talkativeness
alors que Robert . . . penaude   while Robert exaggerates his crestfallen awkwardness
enlever   to carry away
retrouver   to meet
la lèvre pincée   tight lipped
son visage . . . jours   the annoyed expression she wore on off days
posément   calmly
Désolée . . .   So sorry . . .
que c'est ennuyeux!   too bad!
goûter   to have tea
le fils . . . Salés   the son of the bacon king
Prise.   Prior commitment.
Empêchement.   Impossible.
Fine . . .   Being subtle . . .
mollement   limply
qui lui . . . poignet   who kisses her wrist
affecter   *ici:* to put on an act
reconduire   to show out
contenue   restrained
antichambre   foyer
complice   conspiratorial
et mima un pied de nez   and thumbed his nose

cent cinquante-deux

— Quelle idée! Vous avez tout ce qu'il faut pour conquérir une femme: du charme, de la distinction. Mais je crois que vous vous moquez de moi. Robert, relevez-vous! Robert...

— Non, je suis à vos genoux; j'y suis bien, j'y reste. Ah! vous n'avez rien vu, rien compris, alors? Ma froideur, ma réserve, venues de ma timidité, de la peur de vous déplaire...

— Relevez-vous, ou je me fâche!

— Bon, me revoici près de vous, côte à côte. Comme vous sentez bon la bruyère d'Ecosse. C'est votre parfum, n'est-ce pas? Et ces mèches folles, ces petites mèches fauves dans le cou...

— Finissez, grand fou; si Charlette...

Et Charlette, à point nommé, entra, comme Robert contemplait, de très près, de trop près, la nuque de Louise Dufeuil.

Un froid, une gêne, trop d'empressement de la part de Loulou, une volubilité suspecte; alors que Robert souligne sa gaucherie penaude.

— Ah! chérie, que je suis contente de vous voir! Jolie comme un amour! Vite, je vous enlève; vous savez qu'elle est extraordinaire, cette exposition. Nous allons y retrouver cinq cents personnes.

Charlette est de glace, la lèvre pincée, et son visage des mauvais jours. Elle déclare, posément:

— Désolée, ma chère Loulou. Mais j'attends ma mère.

— Oh!...que c'est ennuyeux!...Venez du moins goûter chez Momsy: il y aura la duchesse de Thorn-Weiren, la poétesse Julia Norlin, le petit Cowster, le fils du roi des Lards Salés!

— Impossible.

— Alors je vous attends à déjeuner, demain?

— Prise.

— On pourrait se retrouver chez madame d'Ussart.

— Empêchement.

Fine, Mme Dufeuil n'ose insister. Charlette a tout vu. Elle tend une main que son amie serre mollement, et sourit à Robert, qui lui baise le poignet et affecte de la reconduire respectueusement.

Debout, frémissante et contenue, Charlette les laissa aller. Dans l'antichambre, Loulou et Robert échangèrent un regard complice; elle inquiète, lui désolé. Puis il referma la porte derrière elle et mima un pied de nez.

cent cinquante-trois

justicière *n.f.* female judge
ne fais pas . . . apôtre don't try to look innocent
fébrilement feverishly
Avec ça . . . surpris. As if I didn't catch you.
jurer to swear
mentir to lie
tu es très fort you're too much
détourner to avert
faire semblant to pretend
Elle ne remettra . . . ici! She'll never come here again!
intrigantes *n.f.* schemers
tu vas! you're exaggerating
coquette flirtatious
légère frivolous
ça ne tire pas à conséquence that is of no consequence
se farder *se maquiller*
perroquet *n.m.* parrot
sotte *stupide*
Son salon . . . mêlé . . . She receives all kinds of people . . .
salade russe *n.f.* hodgepodge
Je la battrais! I would do better (socially)!
Qu'elle ne s'avise pas de . . . She'd better not think of . . .
réussite *n.f. succès*
emmener to take (someone) out
au Bois *au Bois de Boulogne*
dont l'ennemie . . . ferait les frais at the expense of the enemy of his peace of mind, who was henceforth eliminated

Au salon, Charlette l'attendait, avec une sévérité de justicière.
— M'expliqueras-tu?...Oh! ne fais pas le bon apôtre!
Et fébrilement:
— Avec ça que je ne vous ai pas surpris. Tu allais l'embrasser.
— Ça non, je te jure!
— Ne mens pas! Je t'ai vu. Ah! tu es très fort! Monsieur me dit du mal d'elle pour détourner les soupçons! Monsieur fait semblant de la détester, pour pouvoir mieux, en mon absence... Eh bien, mon ami c'est fini. Elle ne remettra plus les pieds ici! Je ne recevrai plus des intrigantes, venues pour me voler mon mari!
— Je t'assure! Tu prends les choses au tragique! Tu vas! Tu vas!...Je ne te dis pas qu'elle n'ait pas été un peu coquette... mais, moi, tu me sais incapable de...Evidemment, elle est un peu légère, mais ça ne tire pas à conséquence.
— Oui. Eh bien, elle ira chercher ailleurs des amies. D'abord, tu ne l'as pas regardée. Elle a cinquante ans et plus. Elle se farde comme un perroquet. Elle est sotte. Son salon est d'un mêlé: une salade russe! Je la battrais! Qu'elle ne s'avise pas de... Eh bien? Qu'est-ce que tu fais?
— Je t'embrasse, Charlette.
— Tu ne le mérites pas...
— Mais si, Charlette!
Et Robert, satisfait de sa réussite, emmena sa femme au Bois, certain d'une réconciliation dont l'ennemie de son repos, désormais évincée, ferait les frais.

QUESTIONNAIRE

1. Pourquoi Charlette tient-elle à aller à l'exposition?
2. Comment Charlette défend-elle son amie?
3. Pourquoi Loulou ne plaît-elle pas à Robert?
4. Quels changements Robert remarque-t-il dans les habitudes de sa femme?

5. Trouvez-vous raisonnables les arguments de Robert?
6. Est-ce que Charlette prend ses arguments au sérieux?
7. Comment remarque-t-on que Robert est nerveux?
8. Est-ce que l'auteur décrit Loulou en termes flatteurs (flattering)?
9. Pourquoi Loulou a-t-elle d'abord peur de Robert?
10. Comment Robert gagne-t-il la confiance de Loulou?
11. Quelle attitude Robert adopte-t-il pour convaincre Loulou de son admiration?
12. Faites le portrait de Loulou, d'après la description que Robert fait d'elle.
13. A quel moment Charlette entre-t-elle?
14. Comment montre-t-elle son déplaisir?
15. Est-ce Charlette ou Robert qui défend Loulou à la fin de l'histoire?
16. Avez-vous l'impression que Charlette aime Robert?
17. Est-ce qu'elle soupçonne son mari de jouer la comédie (play acting)?
18. Comment expliquez-vous le triomphe de Robert?

VOLTAIRE

acharné bitter, violent
miner to undermine
en tant que as a
déiste *n.m.* croyant à l'existence de Dieu, mais rejectant toute religion révélée
fidèle faithful, loyal
craignant *(craindre)* fearing
malgré . . . in spite of . . .
voie *n.f.* road, way
à son insu without his knowing it
moeurs *n.f.* manners and morals

VOLTAIRE
1694-1778

Un des génies les plus complexes du monde occidental, Voltaire est à la fois philosophe, dramaturge, historien, poète, journaliste et conteur. Adversaire acharné du fanatisme, Voltaire combat l'intolérance par la satire, et mine par ses écrits l'autorité de l'Eglise et de la royauté. Cependant, en tant que déiste, il condamne l'athéisme; et en politique, craignant les passions aveugles de la démocratie, il reste fidèle à la monarchie. Néanmoins, malgré son conservatisme relatif, il ouvre la voie, à son insu, à la future Révolution française.

Parmi les oeuvres représentatives de Voltaire, il est indispensable de citer l'*Essai sur les moeurs* (1756); le *Traité de la tolérance* (1764); et *Le Dictionnaire philosophique* (1764). Les plus célèbres de ses contes philosophiques sont *Zadig* (1747) et *Candide* (1759).

VOLTAIRE

consolés *n.m.*   those who are comforted
désolée   grief stricken
juste sujet de l'être   good reason for so being
reine *n.f.*   queen; *la reine en question est Henriette de France, fille de Henri IV, femme de Charles Ier d'Angleterre*
royaumes *n.m.*   kingdoms
prête   *ici:* on the point
périr   *mourir*
époux *n.m.*   *mari*
échafaud *n.m.*   scaffold
J'en suis fâchée pour elle...   I feel sorry for her...
ses propres infortunes   *ses propres malheurs*
souvenez-vous   remember
Marie Stuart   (1542-1587), *reine d'Ecosse* (Scotland) *et ensuite reine de France par son mariage avec François II*
musicien *n.m.*   *il est question de Rizzo, secrétaire de Marie Stuart, assassiné sur l'ordre de Lord Darnley, second mari de cette reine*
basse-taille *n.f.*   low baritone
tuer   *assassiner*
à ses yeux   *devant elle*
qui se disait pucelle   who claimed to be a virgin
lui fit couper le cou   had her head cut off
consolateur *n.m.*   *qui apporte de la consolation*
prise   captured
étranglée   strangled to death
affligée *n.f.*   grief stricken woman
de mon temps   in my time
apprendre   *dire*
à qui j'ai montré   *à qui j'ai enseigné*
tout en feu   *rouge*
étinceler   to sparkle
escarboucle *n.f.*   *une pierre précieuse*

cent soixante

LES DEUX CONSOLES

Le grand philosophe Citophile disait un jour à une femme désolée, et qui avait juste sujet de l'être: «Madame, la reine d'Angleterre, fille du grand Henri IV, a été aussi malheureuse que vous: on la chassa de ses royaumes; elle fut prête à périr sur l'Océan par les tempêtes; elle vit mourir son royal époux sur l'échafaud.—J'en suis fâchée pour elle, dit la dame»; et elle se mit à pleurer ses propres infortunes.

«Mais, dit Citophile, souvenez-vous de Marie Stuart: elle aimait fort honnêtement un brave musicien qui avait une très belle basse-taille. Son mari tua son musicien à ses yeux; et ensuite sa bonne amie et sa bonne parente, la reine Elisabeth, qui se disait pucelle, lui fit couper le cou sur un échafaud tendu de noir, après l'avoir tenue en prison dix-huit années.—Cela est fort cruel, répondit la dame»; et elle se replongea dans sa mélancolie.

«Vous avez peut-être entendu parler, dit le consolateur, de la belle Jeanne de Naples qui fut prise et étranglée?—Je m'en souviens confusément,» dit l'affligée.

«Il faut que je vous conte, ajouta l'autre, l'aventure d'une souveraine qui fut détrônée de mon temps après souper, et qui est morte dans une île déserte.—Je sais toute cette histoire,» répondit la dame.

«Eh bien donc, je vais vous apprendre ce qui est arrivé à une autre grande princesse à qui j'ai montré la philosophie. Elle avait un amant, comme en ont toutes les grandes et belles princesses. Son père entra dans sa chambre, et surprit l'amant, qui avait le visage tout en feu et l'œil étincelant comme une escarboucle; la

cent soixante et un

VOLTAIRE

le teint fort animé very high color
déplut *(déplaire)* displeased
soufflet *n.m.* slap
qu'on eût jamais donné ever given
pincettes *n.f.* tongs
casser to break
beau-père *n.m.* father-in-law
qui guérit à peine who barely recovered
cicatrice *n.f.* scar
blessure *n.f.* wound
éperdue desperate
se démit le pied dislocated her foot
boiter to limp
quoique . . . admirable although her figure is otherwise admirable
quand on menait pendre l'amant when her husband was led out to be hanged
elle ne me parlait . . . malheurs she spoke only of her misfortunes
que je songe aux miens that I think of my own
il vous sied mal it ill becomes you
Hécube *femme de Priam, qui perd toute sa famille pendant la guerre de Troie*
Niobé *s'étant moquée* (having ridiculed) *d'une déesse* (goddess), *elle voit mourir ses enfants*
vécu *(vivre)* lived
qu'elles vous eussent écouté that they would have listened to you
fils unique *n.m.* only son
douleur *n.f.* grief
La dame . . . dresser . . . The lady had a list drawn up . . .
lut *(lire)* read
fort exacte *très précise*
n'en pleura pas moins wept nevertheless
se revirent *(se revoir)* saw each other again
faire ériger quelque chose to have something erected

cent soixante-deux

dame aussi avait le teint fort animé. Le visage du jeune homme déplut tellement au père qu'il lui appliqua le plus énorme soufflet qu'on eût jamais donné dans sa province. L'amant prit une paire de pincettes et cassa la tête au beau-père, qui guérit à peine, et qui porte encore la cicatrice de cette blessure. L'amante, éperdue, sauta par la fenêtre et se démit le pied; de manière qu'aujourd'hui elle boite visiblement, quoique d'ailleurs elle ait la taille admirable. L'amant fut condamné à la mort pour avoir cassé la tête à un très grand prince. Vous pouvez juger de l'état où était la princesse quand on menait pendre l'amant. Je l'ai vue longtemps lorsqu'elle était en prison; elle ne me parlait jamais que de ses malheurs.—Pourquoi ne voulez-vous donc pas que je songe aux miens? lui dit la dame.—C'est, dit le philosophe, parce qu'il n'y faut pas songer, et que, tant de grandes dames ayant été si infortunées, il vous sied mal de vous désespérer. Songez à Hécube, songez à Niobé.—Ah! dit la dame, si j'avais vécu de leur temps, ou de celui de tant de belles princesses, et si pour les consoler vous leur aviez conté mes malheurs, pensez-vous qu'elles vous eussent écouté?»

Le lendemain, le philosophe perdit son fils unique, et fut sur le point d'en mourir de douleur. La dame fit dresser une liste de tous les rois qui avaient perdu leurs enfants, et la porta au philosophe; il la lut, la trouva fort exacte, et n'en pleura pas moins. Trois mois après ils se revirent, et furent étonnés de se retrouver d'une humeur très gaie. Ils firent ériger une belle statue au Temps, avec cette inscription: A CELUI QUI CONSOLE.

QUESTIONNAIRE

1. Dans quel état d'esprit se trouve la dame de cette histoire?
2. Qu'est-ce que Citophile essaie de faire?
3. Comment Charles Ier d'Angleterre est-il mort?
4. Combien d'années Marie Stuart a-t-elle passées en prison?

cent soixante-trois

5. Comment est-elle morte?
6. Qui était reine d'Angleterre à l'époque?
7. Où se trouve Naples? Comment Jeanne de Naples est-elle morte?
8. A quelle heure de la journée a-t-on détrôné la souveraine? Où a-t-elle fini ses jours?
9. Comment Citophile a-t-il connu une autre grande princesse?
10. Comment le père de la princesse a-t-il manifesté sa colère?
11. L'amant de la princesse a-t-il résisté?
12. Comment la princesse s'est-elle démis le pied?
13. Comment a-t-on puni son amant?
14. Pourquoi le philosophe mentionne-t-il Hécube et Niobé?
15. Est-ce que le philosophe réussit à consoler la dame?
16. Quel malheur surprend le philosophe?
17. Comment la dame essaie-t-elle de le consoler?
18. De quelle humeur les deux personnages se retrouvent-ils trois mois après?
19. Comment s'appelle le consolateur le plus efficace?
20. Comment les deux consolés témoignent-ils (manifestent-ils) leur gratitude?
21. Quel commentaire cynique Voltaire fait-il dans cette histoire sur la nature humaine?

LEXIQUE

The vocabulary is selective. Included are certain words and phrases not explained previously, as well as others already explained, which it seems pedagogically useful to relist. The following abbreviations are used: **n.f.** feminine noun; **inf.** infinitive; **n.m.** masculine noun; **pl.** plural; **pron.** pronoun.

aboiement *n.m.* barking
abonder to abound, to be plentiful
abord *n.m.* approach; **d'—** at first
aboyer to bark
accès *n.m.* spell, fit; **— de colère** fit of anger
accourir to run up, come up
agir to act; **s'— de** to be a question of
agiter to agitate, wave, shake; **s'—** to be agitated
ailleurs elsewhere; **d'—** furthermore
ainsi thus; **— que** as well as
aise *n.f.* **à l'—** comfortable
aisselle *n.f.* armpit
ajouter to add
aller to go; to be (of health); **— à** to be becoming: **le deuil lui va si bien** mourning is so becoming to her; **s'en —** to go away, leave; **allons!** come now
s'allumer to light up

allure *n.f.* speed, pace
alors so, then, well
amener to lead, bring
ancien(ne) old, former
angoisse *n.f.* anguish
apercevoir to see, perceive; **s'—** to notice
après-midi *n.m. or f.* afternoon; **l'—** in the afternoon
arrêter to stop, to arrest; **s'—** to stop, cease
arriver to arrive, happen
asseoir to seat; **s'—** to sit down
assez rather, quite, enough
assistance *n.f.* those present
assistant *n.m.* person present
aucun(e) no, none
aura *n.f.* halo, air
aussitôt immediately; **— que** as soon as
autrefois formerly
avant before
averse *n.f.* downpour
aveugle blind
avis *n.m.* opinion

LEXIQUE

B

bal *n.m.* dance
banc *n.m.* bench
bière *n.f.* beer
bizarre strange, weird
bleuâtre bluish
boire to drink
bon(ne) good; **à quoi —?** what's the use?
bonheur *n.m.* happiness
bonté *n.f.* kindness
bout *n.m.* end; **au — de** at the end of
brave good, good old
brise *n.f.* breeze, air
brûler to burn
brune *n.f.* brunette

C

ça that
cacher to hide, conceal
cadavre *n.m.* corpse
canotage *n.m.* boating
causer to chat; cause
celui, celle (pl. ceux, celles) he, she, they, those, the one; **celui (etc.)-ci** this person, the latter; **celui (etc.)-là** that person, that, the former
chalets *n.m.* cottages
champ *n.m.* field
chasse *n.f.* hunting
chasser to hunt; dismiss, drive out
chaud(e) warm, hot; **avoir —** to be warm
chaussure *n.f.* shoe
chef-d'oeuvre *n.m.* masterpiece
chemin *n.m.* road, way; **— de fer** railroad
choc *n.m.* blow, impact
cirque *n.m.* circus; amphitheater
clinicien *n.m.* laboratory scientist
coeur *n.m.* heart
commettre to commit
compter to count; **— sur** to count on
conduire to lead; take
consentir to consent; **— à** to consent to
constater to observe
conter to tell
côte *n.f.* slope, hillside
côté *n.m.* side; **à — de** beside; **du — de** toward
cou *n.m.* neck
coucher to spend the night; lie down; **se —** to go to bed
coup *n.m.* blow; **— de vent** gust of wind
couper to cut
court(e) short, brief
coûter to cost
crier to shout, yell
cuisine *n.f.* kitchen

D

dames *n.f.* ladies
débarrasser to clear; **— de** to free from; **se — de** to get rid of
débuter to commence
défendu(e) forbidden
dehors outside

cent soixante-six

délicieux(se) delightful, delicious
dénoncer to denounce
depuis since; for; from; **— que** since
dès from, since; as early as; **— lors** from that time on
descendre to go down; come down
deviner to guess
devoir *n.m.* duty
devoir to owe; to have to; to be to, to be expected to
diplômé *n.m.* graduate
divers(e) changing; several, various
dommage *n.m.* damage; **—!** Pity!; **c'est —** it's too bad
donc therefore, then
dont whose, of which
doucement gently, softly
douceur *n.f.* sweetness, gentleness
douer to endow
doute *n.m.* doubt; **sans —** of course; probably
droit *n.m.* right
droit straight; **à —** to the right

E

s'écheveler to disarrange one's hair
économe economical
écrit *n.m.* writing (work)
écrivain *n.m.* writer
effarement *n.m.* fright
effleurer to touch lightly
élire to elect

embrasser to embrace, kiss
emprunter to borrow; **— un chemin** to take a road
encore yet; still; again
endormir to put to sleep; **s'—** to go to sleep
enfin finally; in short; anyway
enfoncer to plunge
s'enfuir to flee, run away
engourdir to benumb
énorme enormous
enrichir to enrich; **s'—** to get rich
entourer to surround
entrée *n.f.* entrance
envie *n.f.* envy; desire; **avoir — de + inf.** to feel like
épuiser to exhaust
errer to wander
esprit *n.m.* mind; wit
estomac *n.m.* stomach
s'étaler to spread out, display
éteindre to extinguish, put out
étendre to extend, stretch out
être *n.m.* being
éviter to avoid
exiger to demand
exposition *n.f.* exhibition

F

fabricants *n.m.* manufacturers
fabrique *n.f.* factory
façon *n.f.* fashion, way; **de — que** so that
faire to do, make; to cause, have; **— claquer sa langue** to make a clacking sound with one's tongue; **— aller** to make (cause to) go; **— pen-**

cent soixante-sept

dants to be the counterpart of; **— semblant** to pretend; **— signe** to beckon, signal
familier(ère) familiar
farder to paint, color
farouches violent, wild
faute *n.f.* fault, mistake
ferme steady
feu *n.m.* fire
feuillet *n.m.* page; leaf
filer to fly, speed along; slip along; run
finir to finish; **— par + inf.** to end by, to finally
fixe fixed, staring
fixer to stare, fasten
fois *n.f.* time; **une —,** once; **deux —,** twice; **encore une — ** once more; **à la —** at the same time
fond *n.m.* depth, bottom; **au —** actually
formidable fabulous
fort(e) strong, powerful
fort very; loudly; hard, intensely
fou, folle insane, crazy; **— furieux** violently insane
frais, fraîche fresh; **les —** expenses
frapper to strike, hit, knock
frissonner to quiver
front *n.m.* brow

G

gagner to earn, gain; to reach, arrive at
galop *n.m.* gallop; **prendre le —** to break into a gallop
gamin *n.m.* little boy
gamine *n.f.* little girl
gaminer to play (as a child)
gauche left; **à —** to the left
gauchement awkwardly
gênant(e) troubling, disturbing
gêner to trouble, bother; embarrass
génial(e) having genius
génie *n.m.* genius
genou(x) *n.m.* knee; **à —x** kneeling
geste *n.m.* gesture
glace *n.f.* ice; mirror
glisser to slip
gourmand gluttonous
goûter to taste; to enjoy; to have tea
grâce à un pouvoir fort thanks to a strong government
grandir to grow, grow up
grandissant(e) growing, increasing
grêle thin, frail
grelotter to shiver
griffe *n.f.* claw
grille *n.f.* iron gate
gronder to scold
guérir to cure; to get well

H

hâte *n.f.* haste; **avoir — de + inf.** to be anxious to
haut(e) high; **en —** upstairs
heurter to strike, hit, knock
honnête honest, honorable, decent

cent soixante-huit

humeur *n.f.* mood; **en — de** in a mood to; **mauvaise —** irritation
humilier to humiliate

I

inexprimable indescribable
inquiet(ète) uneasy
inutile useless, futile

J

jouer to play; **— du piano** to play the piano
jouir to enjoy
journée *n.f.* day

L

laisser to leave; to permit
lasser to tire
lecture *n.f.* reading
lendemain *n.m.* next day
lequel (laquelle, lesquels, lesquelles) which, which one(s)
lieu *n.m.* place
loin far; **au —** in the distance
long(ue) long; **le — de** along
longtemps a long time
lorsque when
lourd(e) heavy
lyrisme *n.m.* lyricism

M

machinalement mechanically
maîtresse *n.f.* mistress; **idée —** basic concept
maladif sickly; pathological
malgré in spite of
manie *n.f.* mania
manier to handle; touch

manquer to fail; to lack; to miss; **ce n'est pas l'appétit qui te manque,** it's not appetite that you lack
marche *n.f.* stair
mauvais(e) bad
menacer to threaten
mener to lead
mètre *n.m.* meter (39.37 inches)
mettre to put; **— à nu** to lay bare; **se — à** to begin to; **se — en route** to start on one's way
meubles *n.m. pl.* furniture
moindre least, slightest
moitié *n.f.* half; **à — prix** at half price
mordre to bite
mort(e) dead; **le mort (la morte)** dead man (woman)
mort *n.f.* death
mourir to die
mur *n.m.* wall

N

naître to be born
naturel *n.m.* nature, disposition
néanmoins nevertheless
nocturne of the night
noir *n.m.* black, darkness
nu(e) bare, naked
nuages *n.m. pl.* clouds
nues *n.f. pl.* clouds

O

ombreux shady
ongle *n.m.* nail; claw

cent soixante-neuf

LEXIQUE

or now; then
orage *n.m.* storm
orageux(se) stormy
os *n.m.* bone
oser to dare
osseux(se) bony

P

parfois at times
parmi among
parole *n.f.* word
part *n.f.* part; **autre —** elsewhere
se **partager** to be divided
partie *n.f.* part; **faire — (de)** to be part (of); match, game; **quelle bonne — !** what fun!
partir to leave, go away; **à — de ce moment** from this time forward
partout everywhere
pas *n.m.* step
passer to pass; **— ce mauvais moment** to get through this difficult time
patte *n.f.* paw
paupière *n.f.* eyelid
peau *n.f.* skin
pêche *n.f.* fishing
peindre to paint
pencher to bend, lean; **se —** to bend, stoop
perdre to lose
personne *n.f.* person
personne *(pron.)* no one
petite *n.f.* the little girl
pétrir to form, mold, fashion
peu little; not very; **— à —** little by little

peur *n.f.* fear; **avoir — (de)** to be afraid (of)
pièce *n.f.* play; room
planté rooted
point ne . . . — not . . . (at all); **— de** no
poisson *n.m.* fish
poitrine *n.f.* chest
populaires *ici:* well-known
porte *n.f.* door; **de porte en porte** from door to door
pourtant however; yet
pousser to push, shove, urge; to utter; **— la porte** to push open the door
poussière *n.f.* dust
pouvoir *n.m.* power
précipité(e) hurried
se **précipiter** to dash forward
précurseur *n.m.* forerunner
prendre to take; **s'y —** to go about it; **— en grippe** to take a dislike
se **preoccuper de** to be concerned with
presque almost
pressentir to sense
prêt(e) ready
prétendre to maintain, insist
prochain(e) next
profond(e) deep
promenade *n.f.* walk, stroll; **faire une —** to take a walk
promettre to promise; **se —** to resolve
propre proper, appropriate; neat, clean; own
propriété *n.f.* characteristic, property

cent soixante-dix

publics *ici:* performed before a large audience
puis then; next
puisque since
puissant(e) powerful

Q

que that; than; as, until; how; — **vous êtes insupportable . . . !** how irritating you are . . . !; **ne . . . —** only; **c'est — ** it is because, the fact is that
quel, quelle what, which; — **idéal** what an idea!; **quel(s) que** whatever
queue *n.f.* tail
quitter to leave, abandon

R

raison *n.f.* reason; **avoir —** to be right
rapporter to bring back; bring in returns
recueil *n.m.* collection
reculer to draw back
redescendre to go back down
réfléchir to reflect, consider
regard *n.m.* glance, look; **du —** with a glance
regrettable worthy of regret
relation *n.f.* connection, relationship
remords *n.m.* remorse
remporter to take back, carry away; — **un succès** to achieve a success
rentrer to come home
se **replonger** to plunge again

reposer to rest, relax; **se —** to rest
reprendre to resume
résolu(e) resolved, determined
rester to remain
retard *n.m.* delay
réussir to succeed
réveiller to awaken
rêver to dream
revoir to see again
rôdeur roving
ronger to gnaw; undermine
rude rough, harsh; — **à la besogne** hard working
rumeur *n.f.* rumor; clamor, sound

S

sans without
santé *n.f.* health; **maison de —** asylum
sauter to jump
sauver to save; **se —** to escape, get away
savoir to know; know how, be able
secouer to shake (up)
servir to serve; **se — de** to use
seuil *n.m.* threshold
si if; so; yes; **mais —** yes indeed
siècle *n.m.* century
sieste *n.f.* nap
soif *n.f.* thirst; **avoir —** to be thirsty
soigneusement carefully
soin *n.m.* care, attention
sombrer to collapse
sommeil *n.m.* sleep

cent soixante et onze

sortir (de) to go out (of)
souffle *n.m.* breath
souffler to blow
soulever to raise, stir up, provoke
soulier *n.m.* shoe
soupçon *n.m.* suspicion
soupçonner to suspect
source *n.f.* spring, source
souriant smiling
sous underneath, under
spectacles *n.m.* entertainments
sucre *n.m.* sugar
suite *n.f.* consequence; **à la —** as a result
sujet *n.m.* subject; **— de pièce** subject for a play
suspect questionable

T

tache *n.f.* spot, stain
tailler to trim, slice, cut
se **taire** to be silent
tandis que while
tapis *n.m.* carpet
tarte *n.f.* tart or pie; **— aux coings** quince tart or pie
témoigner to give evidence
tenir to hold; **— à** to be anxious to; be fond of
tenter to try, tempt
terrain *n.m.* ground
tiens! to be sure!
tirer to draw, pull; **s'en —** to get along
tort *n.m.* wrong; **avoir —** to be wrong
toujours always, still
tousser to cough

tout, toute, tous, toutes all, every, everything; whole, entire; very, quite; **— à l'heure** a little while ago, in a little while; **pas du —** not at all; **— à coup** suddenly; **— de même** just the same; **— d'un coup** all at once; **— entier** totally; **— de suite** immediately; **— le monde** everybody; **tous deux** both
traduction *n.f.* translation
traînant(e) lying about
traîner to drag, delay; lie about (of objects)
trait *n.m.* feature, trait, characteristic
travail *n.m.* work, labor; **gros —** intensive work
trésors *n.m.* treasures
trop too; too much, too many
tympan *n.m.* eardrum

V

veille *n.f.* preceding day or evening
venir to come; **— de + inf.** to have just; **s'en — vers** to come toward
vieux, vieille old
vitre *n.f.* pane of glass
voilà there is, there are; there you have it
voler to steal; fly
voluptueux(se) voluptuous, sensual
vue *n.f.* look; **— tendre** *ici*: the sensitive eyes

cent soixante-douze